中国文化

服饰

华梅 著

五洲传播出版社

图书在版编目（CIP）数据
中国文化·服饰 / 华梅著 . -- 北京：五洲传播出版社，2014.1
ISBN 978-7-5085-2732-1

Ⅰ . ①中… Ⅱ . ①华… Ⅲ . ①文化史－中国②服饰文化－文化史－中国 Ⅳ . ① K203 ② TS941.12

中国版本图书馆 CIP 数据核字 (2014) 第 067649 号

中国文化系列丛书

主　　编：王岳川
出 版 人：荆孝敏
统　　筹：付 平

中国文化·服饰

著　　者：华 梅
责任编辑：苏 谦
图片提供：华 梅 FOTOE CFP 东方 IC
装帧设计：丰饶文化传播有限责任公司
出版发行：五洲传播出版社
地　　址：北京市海淀区北三环中路 31 号生产力大楼 B 座 7 层
邮　　编：100088
电　　话：010-82005927，82007837
网　　址：www.cicc.org.cn
承 印 者：北京利丰雅高长城印刷有限公司
版　　次：2014 年 1 月第 1 版第 1 次印刷
开　　本：889×1194mm 1/16
印　　张：9
字　　数：170 千字
定　　价：56.00 元

目录

前言：美不胜收的中华服饰

1973年甘肃出土的人头形器口彩陶瓶，距今约5600年。人物五官清秀，留着刘海、披发，瓶身绘三层由弧线三角纹和柳叶纹组成的图案，仿佛她的衣服。

中国服饰文化，可上溯到原始社会旧石器时代晚期。考古发现，大约两万年前，在今天的北京周口店一带生活过的原始先民已经佩戴饰品。在那里出土了白色的小石珠、黄绿色的砾石、兽牙、海蚶壳、鱼骨、刻出沟槽的鸟骨管，都穿有精致的孔，孔壁上残留着赤铁矿粉的痕迹。专家根据其散落位置，推测这是悬挂在颈上的饰品。当时的人们佩戴饰品，当然不只是为了美，更重要的是祈福与辟邪。出土的骨针还保留着磨成长圆形的孔眼，可见那时的先民已经发明了用针缝制兽皮的技术。

在中国西部的青海省，出土了5000多年前的彩陶盆。这些陶盆上的图案看上去是模拟狩猎的舞蹈，有的彩陶盆上描绘的舞蹈人头上带着辫饰，腰间垂着尾饰，还有的盆上的舞蹈人穿着圆鼓鼓的裙子。在甘肃出土的另一件彩陶瓶更是吸引了人们好奇的目光——它的形状很像俏皮的少女：额前短发齐眉，脑后长发披肩，面部五官清晰可辨，颈以下是连续图案，图案由三层斜线与弧线和三角形等组成。当年制陶者塑造的或许就是一个真实可爱的少女，图案描绘的就是少女身上美丽的花衣。

中国的衣冠制度早在西周（前1046—前771）已经成型，周王朝已专设“司服”“内司服”“玉府”等官职，负责王及王后的衣服和佩玉。上自帝王下至庶民，都有相应的着装规定。汉代（前206—220）起，这些规定被记录在作为正史的《舆服志》等文献中。

距今约 1.8 万年前的山顶洞人制作的骨针

新石器时代遗址出土的项饰

青海出土的彩陶盆，距今约 5000 多年。图案为穿着圆鼓鼓的裙子手拉手舞蹈的人，这种裙子在中国传统服饰中很少见。

唐 周昉《调琴啜茗图》（局部），描绘唐代仕女的生活情景。唐代服饰是中国传统服饰史中最为璀璨的一页。

到了唐代（618—907），国力强盛，社会开放，服饰华美清新，流行周期很短，女人穿低胸短衫或者穿窄袖男装的形象，成为那个时代社会包容度明显加大的标志。唐代服饰成为中国服饰史中最为璀璨的一页。

1840 年以后，中国进入近代社会，对外通商口岸增多，发展出像上海那样融汇中西文化的大都会。在欧美时尚潮流的带动下，中国本土服饰发生了变革。

20 世纪前半叶的中国服饰，经历了旗袍、长衫、中山装、学生装、西服、礼帽、丝袜、高跟鞋等东西方服饰文化的大交融时期。而 1949 年中华人民共和国诞生后，又出现了工农服等提升重体力劳动者地位的服饰潮流。20 世纪 70 年代末改革开放以来，夹克衫、喇叭裤、牛仔裤、迷你裙、比基尼、职业装、朋克装、T 恤衫等相继受到中国人的喜爱。不同时期不同风格的服饰见证了时代的变迁。

在这个由 56 个民族组成的多民族国家中，伴随着民族间的相互融合，服饰的样式和穿着习俗也在不断演变，宛如百花园中的五彩花儿，争妍斗艳，美不胜收。

2013 年 11 月，中国国际时装周 2014 春夏系列在北京举行，图为一位中国设计师的设计作品展示。

从蒙昧走向帝制

从远古“连衣裙”到常服袍衫

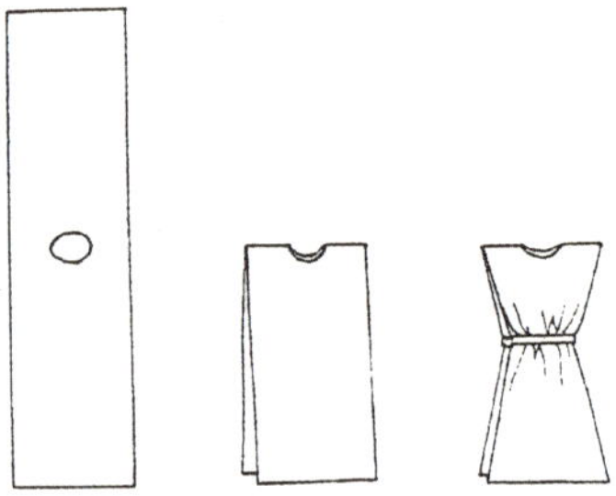

贯口衫制作示意图（华梅 绘）

中国甘肃辛店出土的一件5000多年前的彩陶壶上，有几个单独的人形。这些好似站立交谈又仿佛相约外出的人物是以剪影形式呈现的，他们穿着及膝束腰长衫，看上去像是今日所穿的连衣裙。如果从形制上分析，20世纪的美洲印第安人还穿着这种贯口式披肩；秘鲁也曾出土过花纹布中间剪开一长口式的衣服料，基本上可以判断为人类远古时期的“贯口衫”；中国正史中也记载，公元4至5世纪，日本人还穿着“贯口衫”，或称“贯头衫”。

这种衣服的做法是用一块相当于两个身长的布料，对等相折，中间挖一圆洞或切一个竖口。穿时将头从洞中伸出，前后各一片，然后用绳子拦腰一系。这就是人类童年时期的杰作，现在看起来也是很漂亮的。

中国古人的服装形制，主要有两种，一种是象征天在上地在下的衣和裳；一种就是上下连属的袍衫。袍衫始终体现着中国人的风度与气质，或者说自远古“连衣裙”后一直发扬光大，百变百新。

战国时期（前 475—前 221），中原一带不分男女都穿深衣，深衣由上衣下裳连接而成，裁剪制作自有讲究，与其他衣服相比确有自己的特点。成书于汉代的儒家经典《礼记》中专门设了一章，题目就叫“深衣”。主要意思大致如下：深衣的样式是符合礼仪制度的，它的造型既合乎规矩，有圆有方，又对应均衡；尺寸上也有一定要求，短不能露出肌肤，但长也不能拖地；前襟加长，成一个大三角，再缘上衣边，以便穿时裹至身后；腰间则要断开裁制，即腰上为衣料的直幅，腰下取衣料的斜幅，以便于举步；衣袖的腋部要能够适于肘的活动，袖的长短大约是从手部再折叠回来时恰到肘部。深衣既可以文人穿，也可以武士穿，可以做傧相时穿，也可以行军打仗时穿。深衣属于礼服中的第二等，功能完备且不浪费资财，风格上也朴实无华。这一时期着深衣的形象，可以从一些出土于古墓的帛画上看到，同一时期的陶俑、木俑也有不少这类服饰形象，不仅款式清楚，花纹也历历可见。

深衣的材料多为白色麻布，祭祀时则用黑色的绸，也有加彩色边缘的，还有的在边缘上绣花或绘上花纹。穿深衣时，将加长的呈三角形的衣襟向右裹去，然后用丝带系在腰胯之间。这种丝带被称为“大带”或“绅带”，带子上根据需要可插笏板。早年笏板并非仅供大臣上朝时使用，无官职的人平时也可作记事用。后来随着游牧民族服饰对中原人的影响，革带出现在中原地区的服饰中。革带再配上带钩，用作系结。带钩做工精致，已成为战国时期新兴的工艺美术品种之一。长的带钩可以达到30厘米左右，短的也有3厘米。石、骨、木、金、玉、铜、铁等质料应有尽有，奢华的带钩镶金饰银，或雕镂花纹，或嵌上玉玦和琉璃珠，还有的直接做成动物形，如带动态的猿型带钩。

汉代女服绕襟深衣，三重领，衣身绣乘云纹，衣袂、衣领均有锦制缘边，穿起来显得身材挺拔。（高春明 绘，选自周汛、高春明著《中国历代妇女妆饰》）

到了汉代，深衣变形为曲裾袍——一种有三角形前襟与圆弧形下摆的长衣。同时还时兴直裾袍，即直襟的长袍，也叫“襜褕（chān yú）”。刚有直襟袍时，不准将其作为礼服，不准穿着出门或在家

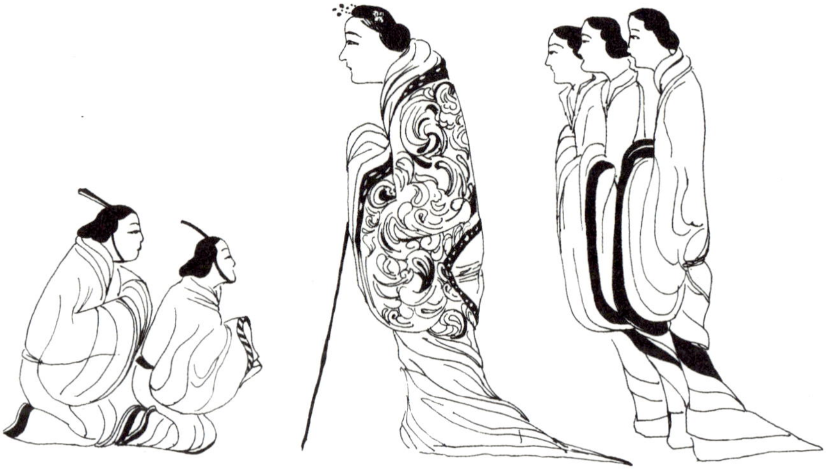
湖南长沙马王堆汉墓帛画中的墓主及仆从像（李晓玲 摹）

中接待客人，《史记》中就有穿着襜褕入宫对王不恭敬的说法。之所以有这样的禁忌，是因为汉代以前中原人的裤子是无裆的，只有两条在腹前连接的裤腿，样子像是现在婴儿穿的开裆裤。由于裤子只有裤管，因而外衣裹得不严时极易露出肌肤。儒家经典中说到着装规矩时，一再强调虽暑热不得掀起外衣，不趟水不得提起外衣。中原人的标准坐姿是先跪后坐，名为“跽（jì）坐”，明文规定不许“箕坐”（即不能将两腿伸向前方，像收物用的簸箕），这样的标准坐姿实际上与当时裤子的样式有关，为的也是防止露丑。后来，由于中原人与西北骑马民族的交往日益密切，合裆裤渐渐为中原人所接受，并逐渐推广开来。

不管是汉墓壁画，还是汉代画像石、画像砖，或是陶俑、木俑，可以看出汉代人物几乎都穿袍，男子较为普遍，也包括一些女子。所谓袍服，是指过臀的长衣，主要有几个特点：一是有里有面，或絮以棉麻，称为夹袍或棉袍；二是多为大袖，袖口部分紧缩；三是多为大襟斜领，衣襟开得较低，领口露出中衣；四是袍领口、袖口、前襟下摆处多有深色布的缘边，上面织着夔（神话中一足一角的龙）纹或方格纹等。袍服的长短也不一，有的长到踝部，一般多为文官或长者穿；有的仅至膝下，或至膝上，多为武将或重体力劳动者穿。

在袍服成为最主要的服装之后，深衣并未完全消失，尤其在女服中得以延续。汉代女服大襟的长度越来越长，以致形成绕襟深衣。在湖南长沙马王堆一号汉墓出土帛画中，有墓主人着绕襟深衣的形象，绕襟、三重领，即外衣领口大，露出里面两层衣服的领子。再加上满身细密的龙飞凤舞的刺绣图案，尽显中华女服之美。

袍服的款式发展到魏（220—265）晋（265—420）南北朝（420—589）时，开始向大敞袖（无紧缩袖口）、宽衣襟等特点发展，着装者因此而呈现出优雅洒脱的风神气韵。这一时期，男子的长衣越变越简单、随意，而女子的长衣却越变越复杂、华丽。东晋大画家顾恺之（约345—409）在《列女传·仁智图卷》中描绘的女子，着杂裾垂髾服，衣襟下缘裁制成好多个三角形，三角形上宽下窄，形似旌旗。沿着三角形缘边，绣有图案。当衣襟裹起来后，这些下垂的三角形层层叠叠错落有致，新颖、典雅，透着装饰的美。肥大的袖子和宽长的下摆，加之腰际围裳之间系有飘带，使着装者变得飘逸且充满浪漫情调。

深衣和袍服有同有异，都是上下连属的长衣，但深衣没有延续下来，袍服倒是一直穿用到近代。袍服式样历代都有变化，战国的广袖深衣、汉代的直裾袍与曲裾袍、唐代的圆领襕袍、明代（1368—1644）的斜襟长袍都是典型的宽身袍服。到了清代（1616—1911），虽然统治者原是马上民族，但依然穿袍，只不过袍身略短，大襟改成了对襟。也许正因为原是游牧民族，所以清代袍服出现

男子袍服形象（元 张渥《九歌图·少司命》李晓玲 摹）

杂裾垂髾图（东晋 顾恺之《列女传·仁智图卷》王家斌 摹）

清代马蹄袖袍服

了许多有特色的部位，如袖口扣下来形同马蹄，俗称“马蹄袖”，平时卷在手腕上；草原驰骋时，既保暖又不碍拉弓射箭；在宫中遇到上级长官就把袖口放下，下跪。还有一种“缺襟袍”，把一侧大襟的下半部截下来，单独絮棉，单独有里有面，并有纽袢可以与袍身相连。上战场时取下，便于上马下马；回宫后扣上，又不失礼仪。对于中原汉族人来说，长袍穿着者多为文人及高层人士，久而久之，宽袍大袖就成了不事劳作的有钱或有文化阶层的典型服饰，成为汉民族的一种传统服饰形象。

令人难以置信的丝

几乎全世界人都知道，丝是中国独特的发明。在相当长的一段时间内，中国是世界上唯一出产和使用丝的国家。

正因为有了丝，才有了丝线，进而有了丝织物。在远古神话传说中，中华民族的祖先黄帝轩辕氏的元妃“嫘祖”，是养蚕取丝的始祖，她提倡养蚕、育蚕种，亲自采桑治丝。中国古代皇室乃至民间供奉她为掌管养蚕缫丝业的“蚕神”或“先蚕”（即最早的蚕的化身）。时至如今，蚕乡的人们依然记得这个生产习俗，每年蚕月到来之前，一定要举行仪式，蚕妇们集体祭祀“先蚕”，供养“蚕神”。

战国时荀子（约前 313—前 238）所作的《蚕赋》，提到“马头娘”的传说。这个传说讲：一个女孩的父亲被邻人劫走，只留下了她父亲的一匹马。女孩的母亲说，谁能将女孩的父亲找回，就将女孩许配给谁。那匹马闻言脱缰而去，真的将女孩的父亲接回来了，女孩的母亲却忘了自己的许诺。马整日嘶鸣，不肯饮食。女孩的父亲知道原委后非常愤怒，认为马不该有此妄想，一怒之下将马杀了，晒马皮于自家庭院。有一天，女孩从晒有马皮的墙前经过，马皮卷上女孩飞上桑树，变做了蚕，从此这个女孩就被民间奉为“蚕神”。蚕神传说的影响波及到了东南亚和日本等地，那些地方有很多庙宇都供奉“马头娘”。

神话传说之外，关于丝的早期应用，还有更为准确的资料。1958 年，在新石器时代良渚文化（1936 年发现于浙江余杭良渚镇，是中国长江下游一支重要的古文明，距今约四五千年）遗址中，出土了一批 4700 年前的丝织品，它们是装在筐中的丝线、丝带、丝绳、绢片等，经鉴定，认为是家蚕丝制品。尽管这些文物已经碳化，但仍然能够分辨出丝帛的经纬度。丝带由 16 根粗细丝线交织而成，宽度为 0.5 厘米，丝线的投影宽度均为 0.3 毫米，用 3 根丝束合股加拈而成，这表明当时的丝织技术已经达到一定水平。

3000 多年，商代（前 1600—前 1046）甲骨文上已有蚕、桑、丝、帛等文字，都是象形的。“蚕”就是一个肉虫，“桑”就是一棵树，而“丝”则是两束丝线。在这些象形文字出现之前，蚕纹已经出现在陶器上。1959 年江苏吴江梅堰遗址中出土的黑陶，属于公元前 3000 年至公元前 2500 年之间的作品，其纹饰有蚕形纹，描绘得具体且真实，反映出当时人们对蚕的熟悉程度。在河南安阳殷墟墓出土的铜觯和铜钺上，也留下了原丝织包裹物残存的菱纹与回纹，印痕清晰可辨。这些丝织物的残痕表明，商代已能织出菱形斜纹的绮，而周代已能够织出多色提花锦了。

相传由孔子（前 551—前 479）编定的儒家经典《尚书》，也有关于丝的记载，在该书记述各地贡物的文字中，已有丝、彩绸、柞蚕丝、黑色的绸、白色的绢、细绵、细葛等物品。

春秋（前 470—前 476）战国时期，农业比以前更发达。男耕女织成了这一时期的重要经济特征，种植桑麻、从事纺织是一种典型的社会经济图景。当时的养蚕方法已经十分讲究，缫出的蚕丝质量也很高，其纤维之细之均，可与近代相媲美。至于汉代，从 1972 年湖南长沙马王堆西汉墓出土的织锦来看，

明 仇英《宫蚕图》（局部），画中一一再现了宫中仕女采桑、养蚕、摘茧、抽丝、织锦的场景。

西汉马王堆汉墓出土的素纱禅衣，仅重 49 克，可谓薄如蝉翼，轻若烟雾。

每根纱由四五根丝线组成，而每根丝线又由十四五根丝纤维组成，也就是说每根纱由 54 根丝纤维捻成。如此高的丝纺水平，同时也推动着染、绣的发展，使它的成品更加美观也更富表现力。

马王堆汉墓出土的众多丝织物中，有一件素纱禅（dān）衣最令人称奇。这件衣服身长 160 厘米，袖子通长 195 厘米，而重量仅有 49 克。如果将衣领、衣缘镶包的绢（平纹织物）的重量去掉，那么素纱还会有多重呢？简直薄如蝉翼。古代阿拉伯一本游记中记载了一个故事，说是一个阿拉伯商人拜见中国官员，交谈中一直盯着官员的领口看。官员很不自在，问“我的领口怎么了？”商人说“中国的丝太奇妙了，怎么隔着一层衣服，我还可以看到您胸前的痣？”官员哈哈大笑，边卷起袖子边说：“我穿的何止是一层，我穿了五件丝衣。”这段记述听起来有些夸张，实际上看了马王堆汉墓出土的这件实物，还有什么不可相信的呢？

从公元前 5 世纪起，中国的丝织品就开始传到西方。因为丝太美太独特了，甚至被西方人赞誉为天堂里才有的东西。希腊人、罗马人将中国称为 Serica，将中国人写成 Seris，这两个词都是由 Serge（丝）转化而来。中国丝的轻薄、柔软、细腻和光泽征服了世界，于是西方人在不了解丝的真正来源时，竟然说中国的树林里挂满了这种美丽的丝，只要用梳子去把它梳拢起来，就是丝线。

据西方史书记载，古罗马的恺撒大帝（前 100—前 44）穿着中国的丝绸袍服去看戏，致使全场的

唐代女子丝织襦裙（唐周昉《调琴啜茗图》）

人都不看戏了，而去争先恐后观看那件丝绸衣。中国丝绸传入印度也很早，公元前 4 世纪的印度古书中，记载有“中国的成捆的丝”的说法。公元2世纪后，印度法律中已有关于惩罚偷丝的规定。

从丝织品的种类来看，有常见的锦，这是用多种染过色的丝线织出的具有彩色图案的织物；还有绮，一般为斜纹，有一种说法是同样厚度有花纹的为锦，没花纹的为绮；再有纱，即一种轻而薄的织物，半透明，带有一种朦胧感；罗，比纱还要稀疏、薄透，甚至呈现出孔，可以有花纹，也可以素面；绢，一种平纹织物，古时以生丝织成；绫，可有多种纹路与图案，闪现亮光；缎，表面光滑，组织致密，也有一种亮闪闪的视觉效果。如果再细分，还有纨、缟、缣、绸等。

1982 年湖北江陵马山砖厂一号墓出土了一批珍贵的丝织品，年代比马王堆汉墓要早，属于战国时期。这批丝织品共计 20 多件，包括绣花禅衣、绣绢禅衣、锦面绵衣、绣绢绵袍、绢面夹衣、纱面绵袍，还有各种包袱皮等。其中有一件罗地绣花龙凤虎纹禅衣，不仅罗的孔眼均匀，质地轻盈，而且花纹绣制相当精美。从这一个缩影就可以看出，古代中国长期封建社会中“一男不耕或受之饥，一女不织或受其寒”的真实背景。

丝，不仅可以做衣服、被褥，还可以编织成彩色丝绳，单独编成吉祥样式，即如今作为中国文化品牌的“中华结”，也能够用来穿缀玉制配饰，以致“环佩叮当”。丝还有一个重要用处，即以丝线绣花。可以这样说，丝织的产生和完善造就了刺绣的诞生。作为一种地域广泛的手工艺品类，中国不同的地区和民族都形成了各具特色的刺绣工艺。春秋战国时期，刺绣工艺渐趋成熟，这可从近百年来的大量出土文物中得到印证。这一时期的刺绣有经过夸张变形的龙、凤、虎等动物图案，有的则间以花草或几何图形，虎跃龙蟠，龙飞凤舞，刻画精妙，神情兼备；布局结构错落有致，穿插得体，用色丰富，对比和谐，画面极富韵律感。

两汉时期，刺绣工艺已相当发达。特别值得一提的是西汉在临淄（今山东临淄）设有三服官，用精美的丝织品制作皇室宫廷所用的春、夏、冬三季服装，有织工数千人，每年耗资万万，这在一定程度上推动了刺绣工艺的发展。到了南北朝时期（420—589），伴随佛教的大发展，佛像绣制蔚然成风，至唐盛极一时。这类绣佛作品绣法严整精工，色彩瑰丽雄奇，为中国古代刺绣艺术的特殊成就之一。唐代刺绣的另一成就，是绣法上的推陈出新，发明了“平针绣”——一种流传至今的绣法，因其针法多变，刺绣者更能自由发挥，从而带来了刺绣发展的崭新时代。

宋代（960—1279）是中国刺绣业臻至高峰的时期，无论产品数量、质量均属空前，特别是在开创观赏性的刺绣艺术方面堪称绝后。唐宋时期的刺绣出现精致化趋势。在男耕女织的封建社会里，女子都要学习“女红”，刺绣是一项基本技艺，女子出嫁时的嫁衣都要自己从十多岁就开始绣缝。正因如此，刺绣不仅是民间女子的必修课，更是许多富贵人家女性消遣、养性或说艺术创作的主要手段。绣品的功用也明确分为日用与观赏两种用途，一些绣画之作甚至可以与名画齐名。

形成于公元前 2 世纪的丝绸之路，穿越欧亚大陆，将中国丝绸源源不断地运往西方。与这条陆上丝绸之路并立的，还有海上丝绸之路与南方丝绸之路。它们为中国丝绸或说服饰在世界范围内产生影响起到了历史性的决定作用。

丝绸与刺绣的结合，诞生出一门精致的艺术。（陈一年 摄）

中国有很多地方名绣，其中江苏苏绣、湖南湘绣、四川蜀绣和广东粤绣最负盛名。图为一幅苏绣牡丹图，牡丹雍容华贵，是深受中国人喜爱的传统图案。

明代民间手工业的崛起，为刺绣技术和生产注入了前所未有的活力，出现了以刺绣专业闻名于世的家族和个人，绣品的需求和用途尤为广泛，一般实用绣品品质普遍提高，材质更加精良，技巧娴熟洗练。明代与清代，成为中国历史上刺绣流行风气最盛的时期。在清代的200多年间，一些地方性的刺绣流派如雨后春笋般兴起，著名的有苏绣、粤绣、蜀绣、湘绣、京绣、鲁绣等，同时也吸收外来文化的影响，绣品表现出东西方文化融合的时代特色。

中国还有许多具有民族特色的名绣，如维吾尔族、彝族、傣族、布依族、哈萨克族、瑶族、苗族、土家族、景颇族、侗族、白族、壮族、蒙古族、藏族等，都有以本民族特色而闻名的刺绣工艺。

刺绣不仅用于服饰和家居用品，更融合了中国绘画、书法的精髓，以一种独有的艺术风格展现着奇异的光彩。这里不能忽视的，就是美妙的丝。唐代诗人白居易（772—846）专门写过《缭绫》篇，诗中说："缭绫缭绫何所似，不似罗绡与纨绮。应似天台山上月明前，四十五尺瀑布泉。中有文章（古人称纹样为文章）又奇绝，地铺白烟花簇雪……织为云外秋雁行，染作江南春水色……异彩奇文相隐映，转侧看花花不定……"

美啊，这就是中国的丝，美得令人惊叹！

皇族服饰与服饰制度

在中国漫长的封建社会中，皇帝是至高无上的，他统领着人民，疆域内的每一寸山河也都归他所有。皇帝们自称“天子”，意即他们是上天的儿子，是奉上天旨意降至大地之上管理国家的。

皇帝既然自称“天子”，那么他一定要在一定季节、一定日子和专门场合来祭祀天地，以求天地保佑社稷平安。除了拜神以外，还要晋封官员，赏赐群臣，调遣战将，以及大婚乃至打猎、赈灾……总之，皇室的服装是不能随便穿的，即使在家休息时，所谓“燕居”，也要有燕居之服。皇室服饰代表着国家，代表着权力，因而要有一定的威慑或安抚作用。随着皇帝出席各种活动的皇族以至高官大臣，也都要有特定服饰。

中国的史书二十五史（“二十四史”指历代各朝撰写的二十四部史书，上起传说中的黄帝时代（前 2550），下至明朝灭亡（1644）。加上《清史稿》合称“二十五史”）中有十部史书专设《舆服志》，说的就是一个朝代的礼仪、车旗、服饰，哪一个等级的人在哪一种场合穿哪一种衣服，这些都

晋武帝司马炎像
（唐 阎立本《历代帝王图》（局部））

汉代皇帝冕服图（高春明 绘）

是有严格规定的。其中皇帝在郑重场合的着装，应是冕服。

冕服包括冕冠、上衣下裳、腰间束带、前系蔽膝、足登舄屦。

冕冠，上有一个板，名叫綖。綖板做成前圆后方形，戴在头上时后面略高一寸，使冕冠呈向前倾斜之势。这与现代的古装影视中出现的冕冠不一样，现代影视剧中可能是因为设计者欲使冕旒不挡住帝王视线的缘故吧，总爱使綖板前方向上翘一些。实际上当年不是这样的。为什么向下倾斜呢？为的是示意帝王向臣民俯就，就是真心惦记臣民、尊重臣民的意思。綖板前后有成串的垂珠，这就是旒。一般为前后各 12 旒。当然，根据礼仪的轻重、等级差异，也有 9 旒、7 旒、5 旒、3 旒之分。每旒多为穿五彩玉珠 9 颗或 12 颗，穿用的线为丝线。冕冠戴在头上后，需要以簪子（名为笄）从一孔穿发髻再由另一孔出，用来固定。冕冠圈带上还有两个小珠，从戴用者耳上方垂下，名叫黈纩，也称充耳，后世成语“充耳不闻”，就是从这里来的。这两个小珠垂在耳边，主要是提醒君王不要轻信谗言，与綖板向前低就的戴法一样，都有着很深的政治意义。

帝王的衣服多为玄衣纁裳。今天人们把衣服说成“衣裳”，可是在古代这是两个词，“衣”指上衣，“裳”指下身穿着的裤或裙。中国古人讲上衣下裳，就是分别象征着天和地，这一秩序不可颠倒。冕服采用了玄（黑色）、纁（绛红色）两种颜色，就意在上以象征未明之天，下以象征黄昏之地。前面所说冕冠的綖板也是上玄下纁的。

帝王穿的衣服上常绣卷龙，因而名叫衮服。另外还有十二种花纹，被称做十二章。古人将纹样也称做文章。《虞书·益稷》中记："予欲观古人之象，日、月、星辰、山、龙、华虫作绘，宗彝、藻、火、粉米、黼、黻**絺**绣，以五彩彰施于五色，作服汝明。"这就是说，人们从天象和世间万物的形象上衍生出一些寓意，然后将其绣或画在衣服上。这里有太阳、月亮和星星，根据神话传说太阳里有一只金乌，月亮里有白兔在捣药，星星是三个圆形中间连上线。这三种图案代表光芒照临大地的意思，意指帝王像日月一样照耀着百姓。绣山形，取其稳重的意思，意指帝王之位稳如泰山，不可动摇。绣龙形，取其有本事的意思，因为龙能呼风唤雨，而且变幻无穷。华虫，指雉，就是山鸡，山鸡的羽毛五彩缤纷，非常绚丽，绣一只山鸡表示文丽。宗彝，指放在宗庙中的青铜礼器。出现在明代王圻作《三才图会》中的宗彝，是两件同样式的青铜器皿，一件上面刻有一只虎，另一件上面刻有一只长尾猴。虎是兽中之王，表示威猛无比。长尾猴名**蜼**，鼻孔朝上，下雨时容易流进雨水，每逢下雨时，长尾猴就会拿起自己的尾巴来堵住鼻孔，因此被人们认为是相当聪明的。这两种动物在宗彝上表示勇猛和聪慧。十二章中取宗彝主要是指供奉宗祠，这里表示忠孝之意。绣水藻，是因为水藻常在水中，被水冲洗，有洁净的意思。绣火形，有一种说法是象征光明，还有一种说法是象征炎上，即火焰向上，取气势向上的意思。绣粉米，实际上就是白米，这是在提醒帝王不要忘了是老百姓在滋养着皇室。绣黼，黼是一个斧形，图上为黑白相间，在这里是取其决断，好似一斧劈下，决不含糊。黻似一个古写"**亞**"字形，其实是二兽相背的样子，取其是非分明，要明辨是非的意思。

五代时期着宽袖长袍、戴凤冠的皇后（高春明 绘，选自周汛、高春明著《中国历代妇女妆饰》）

十二章是帝王服饰上最有代表性的图案，诸侯的礼服上也可以用，但要在此基础上，根据官级和礼仪的郑重程度而依次递减。

冕服中的上衣下裳，腰间当然要束带，带下垂一块熟皮做成的装饰，名叫蔽膝。蔽膝最初形成于人们缠裹兽皮的时代，那时主要为了遮挡前腹和生殖部位，后来有了规整的服装，人们仍以它垂挂在腹前，成为礼服中重要的组成部分。再以后，它就完全变成了彰显贵者尊严的装饰。帝王的蔽膝用纯朱色。

冕服的最下为鞋，当时叫舄（xì）。舄是丝绸做面，木为底，而且是双层底。履是单层底，夏用葛麻，冬用兽皮。皇帝穿冕服时，最高礼仪穿赤舄，再低一等穿白舄，再低一等穿黑舄。王后穿舄时，则以黑、青、赤为三等顺序。

汉代以后，逐渐以黄色为最高级的服装颜色，皇帝穿黄色衣服成为权威的象征。按照中国的阴阳五行学说，金、木、水、火、土五种元素相生相克。白色代表金，青（绿）色代表木，黑色代表水，红色代表火，黄色代表土。周代据说是得了火德，因而以红色为高级服色。秦（前221—前206）灭周即为水德，应崇尚黑，因此秦以黑为最高地位的服装颜色，帝王百官都穿黑色衣服。汉灭秦，为土德，所以汉朝皇帝穿黄色的衣服。

中国五行学说中还有方位标志，分别标以几种动物，即东青龙、西白虎、南朱雀、北玄武，这样一来，中间就是黄色的位置了。而汉代实行大一统中央集权制，因而皇帝必须穿黄衣了。不过，刚开始时，

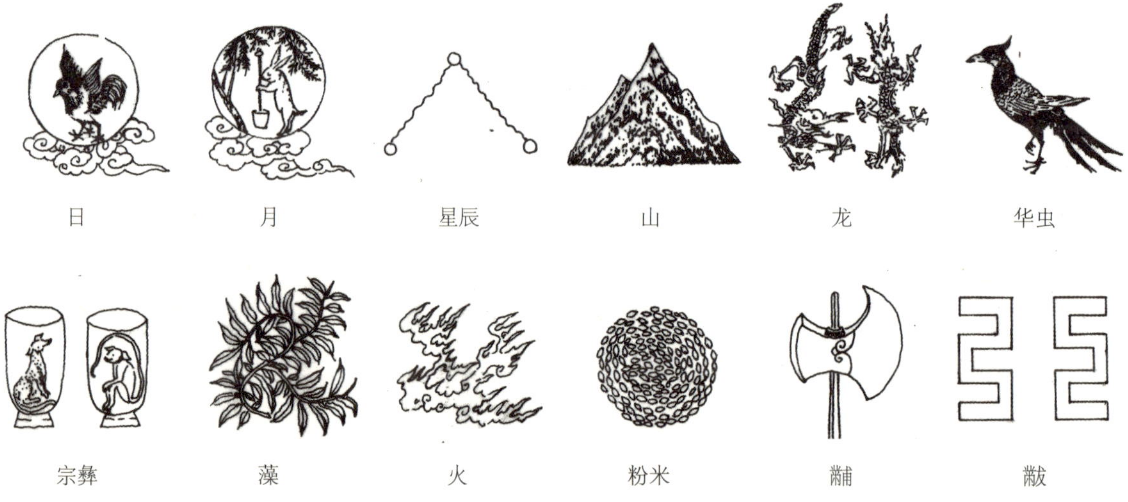

十二章是帝王服饰上最有代表性的图案。（明 王圻《三才图会》李凌 摹）

明宣宗朱瞻基像（故宫南薰殿旧藏《历代帝后图》）

明定陵出土的孝靖皇后凤冠

皇帝穿黄衣，官民也许可穿，并无严格限定。至唐代时，宫廷下令，除皇帝以外，官员和百姓一律不许穿黄衣服。这就衍生出后来“黄袍加身”的故事，说的是公元 959 年，后周一位皇帝病逝，由他年幼的儿子即位。第二年，掌握兵权的大将赵匡胤被手下将士披上黄袍拥为皇帝，于是，假戏真做，成立了大宋王朝。

只许皇帝穿黄衣的规定一直延续到中国封建社会最后一个朝代。那位被推翻了的清代末代皇帝溥仪（1906—1967）在 11 岁时，看见 8 岁的堂弟衣服的里子有黄色绸，还揪着他的袖子说：“你怎么敢用黄？”可见即使被夺了皇权，在他心中黄色还有天下独尊的权威性。

在中国长期的封建社会中，皇帝着装上最有突出特征的是绣龙袍，明清时有袍绣九龙之说。中国人认为九为大数，因而在龙袍前后两肩、两袖等处绣成对称的八龙，然后再绣一龙在大襟的里面。《历代帝王像》留下了许多穿着四团龙纹袍和八团龙纹袍的帝王形象。其中的明宣宗，头戴翼善冠，穿十二团龙十二章衮服，腰围玉带，脚穿粉底靴，这应该是汉族帝王服饰的代表。

与此相对应的皇后服饰，也有一套典型模式，如人们熟悉的“凤冠霞帔”。北京明定陵出土的四件凤冠，向人们展示了凤冠的真实面貌。它们是与金丝编制的王冠同时出土的，是金丝嵌珠宝凤冠。其中万历孝靖皇后的凤冠高 27 厘米，直径 23.7 厘米，重 2300 克，通体簇上金银珠宝。前部有九条金龙，每条龙口中衔着“珠滴”，下面为点翠金凤，另一凤在最后。冠后底部左右悬挂着翠扇式翘叶，点翠地，嵌金龙，再加上各色珠宝花饰，集中体现了皇后服饰的富丽堂皇。

霞帔从唐代的帔子演变而来，“霞”是指帔子像五彩朝霞般亮丽无比。明代皇后礼服中霞帔形如围巾，而至清代时已阔至背心样了。霞帔上绣着各种吉祥图案并缀着流苏，还有些有金、银质料的“霞帔坠子”。安徽曾出土一件呈胆形的明代霞帔坠子，上面镂空透雕凤凰祥云，顶装金钩，工艺十分讲究。

在古代，凤冠霞帔是皇族和宫廷命妇的着装，普通平民是不能随便穿戴的。但平民女子在出嫁这一天，可以穿戴上美丽的凤冠霞帔，不算僭越。

皇族的服饰说也说不完，史书和文物中都留下大量资料。但无论怎样庞杂，我们都可以看出，冕服和龙袍以及凤冠霞帔，是中国古代帝后的典型服饰，在这些衣服、佩饰上记载着中国人独特的宇宙观和审美观。

以皇族服饰为主要内容的服饰制度，成型于周代，留传至今的《周礼》《仪礼》《礼记》详尽地记录着当时严格的服饰等级、礼仪场合以及专门掌管车旗服饰的官员。再看看浩繁的历代《舆服志》，一部中国人的服饰思想史就会基本上尽收眼底了。

清朝皇帝、皇妃画像（北京故宫博物院藏《清代帝后像》（局部））

戎装改革家——赵武灵王

战国时期，赵国有一位善于用兵的君主——赵武灵王。他与西北邻国打仗时，发现虽然自己的军队兵器精良处于优势，可是官兵都身穿长衣，下身是“**袴**”（胫衣，不连裆裤），甲靠笨重，结扎繁琐，而敌方却是灵活多变能够迅速出击的骑兵。于是赵武灵王力排众议，大胆地引入短袍、长裤（连裆裤），以取代中原那种将身体裹得很紧、行动不便的长长的深衣，结果屡战屡胜，赵国很快强盛起来。这在服装史上常被引为戎装改革的范例，被称为“胡服骑射”。“胡”指中国西北游牧民族。

上衣下裤的“裤褶”，是赵武灵王引进的胡服的基本样式。（高春明 绘，选自周汛、高春明著《中国历代服饰》）

赵武灵王引进的胡服基本样式，被称为“裤褶”。所谓“裤褶”，是一种上衣下裤的服式。西汉人史游撰写的《急就篇》中注明，裤褶是一种套装，上衣为齐膝袍服，身短而广袖，是游牧民族的常服。袍子原本都是瘦袖的，后来传到中原一带才演变成了有肥袖有瘦袖。《急就篇》中说，裤褶的上装为“左衽之袍”，“衽”指衣服的前襟，即西北民族习惯大襟向左掩的袍式，这一点区别于中原汉族人向右掩的习惯，因而当时的中原人也将西北人称为“左衽之人”。当时的袍，实际上就相当于一个长一点的上衣，上衣式样虽大同小异，却也在具体部位上有许多变化。我们从资料中可以看到，魏晋南北朝时期的裤褶上装，既有左衽，也有右衽，还有相当多的对襟，甚至有对襟相掩，下摆正前方两个衣角错开呈燕尾状，可见服装样式有不断丰富的空间。一身裤褶穿起来特别精干，这样的人物形象在南朝墓内画像砖和陶俑中很常见。

穿裲裆铠的北魏武士俑
（现藏日本早稻田大学）

裤褶的下身是合裆裤。这种裤装最初是很符合双腿的肌体结构的，细细的，看起来相当利落，一副可以随时健步如飞的样子。传到中原以后，尤其是当某些文官大臣也穿着裤褶装上朝，又引起了一些保守派的质疑，认为这样两条细裤管立在那儿简直不合体统，与古来的礼服上衣下裳的样式实在是相距甚远。在这种情况下，有人想出一个折衷的办法，将裤管加肥。这样立于朝堂，显得与裙裳无异，待抬腿走路时，仍是便利的双腿长裤。可是问题又来了，裤管毕竟太肥了，如果遇上泥泞荆棘之地可就麻烦了。于是，又有人想出好办法，需要外出时，将裤管轻轻提起用两条丝带系在膝下，这就两全其美了。这种被称做“缚裤”的形象在南朝画像砖和陶俑上屡见不鲜。20 世纪 80 年代初，青年人流行穿喇叭裤，有人就将魏晋时的缚裤指认为喇叭裤的源头，其实不是，只是缚裤经丝带系扎之后，呈现出的廓形很像是从膝部以下扩展的喇叭裤。或许这两种裤形是人类服饰构思的一种巧合。

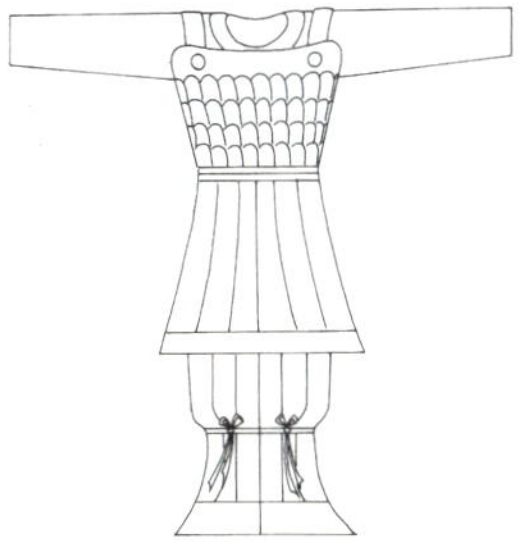

裲裆铠平面示意图（华梅绘）

裲裆也是胡服中的一种代表服式，完全是由西北引进中原的服饰风格。东汉（25—220）末年的一部专门探究事物名源的著作《释名》中称：“裲裆，其一当胸，其一当背也。”由此可知，裲裆实际上就是没有袖子的坎肩，或称背心、马甲。这几种称谓都很形象，“坎肩”就是将衣服的肩以下砍去；“背心”则是指仅护住前心后背；“马甲”之称更有趣味，因为战马身上罩的铠甲只挡躯干，是不护四肢的。从当时的随葬品陶俑和墓葬壁画、画像砖上的服饰形象看，裲裆的样式多是前后两片，肩上和腋下以

秦始皇陵兵马俑坑出土的跪射俑

袢扣住。除了裲裆铠和外罩以外，也有穿在里面的。从质料上看，有皮的、棉的，制作起来有单层的、还有夹的，尺寸也可大可小。裲裆的说法虽然已经从日常用语中消失了，但被称为坎肩、背心、马甲的服式一直延用至今。

赵武灵王胡服骑射是中国历史上戎装改革的一段佳话。具体到中国传统戎装与西北民族服装长期融合的过程以及形成的有特色的军戎服饰，的确有许多闪光的形象。

中国古时用犀兕甲（犀牛皮或水牛皮做成的甲），“甲”意思是与动物保护自身而天生的硬壳一样的东西。早期盔甲只遮住人身要害部位。根据出土实物来看，殷商时已有保护头部的青铜盔，周代时出现了胸甲，胸甲是遮护前胸的。到了战国，有了铁头盔，也被人们称做胄或兜鍪。在考古发掘中，燕下都墓中出土了一具 89 片铁甲片编缀成的兜鍪。至于铠甲，由于主要是用皮革制成，少量用铜，所以不易保存。但从文字记载中可以看到，周代时已有专门负责甲胄的官员，周代时的铜铠甲多以正圆形的甲片为主，甲上加漆，使之呈现出白、红、黑等各种颜色。穿铠甲时，一般还要罩上精美的绣袍，直至真正拼杀时才解下罩袍。

大批秦始皇陵兵马俑的出土，为我们提供了古代铠甲的形象资料。虽然不是实物，但是由于陶俑塑造得精致细腻，所以铠甲的结构交代得非常清楚。秦兵俑穿的铠甲，共有七种形制，分别属于两种基本类型。一种护甲由整片皮革或其他材料制成，上嵌金属或犀皮甲片，四周留有阔边，似乎是军队中高级指挥人员所穿。另一种铠甲均由正方（或长方）形甲片编缀而成，穿时从上套下，再用带钩扣住，里面衬以战袍，供士兵穿着。

到了南北朝时期，由于战乱频仍，武器愈加锐利，戎装中的铠甲、头盔自然也趋于坚固。《魏书·崔延伯传》中记：“甲卒十二万，铁马八千匹。”《邺中记》载：“石季龙左右万人，皆着白色细铠，光耀夺目。”《宋书·沈攸之》云：“铁马五千”，“浴铁为群”。这些史书记载都写出了当年人、马俱铠，威武壮观的阵前场面。《南齐书·魏虏传》载：“太后出，则妇女着铠骑马，近辇左右。”这说明当时女子也着铠甲，出现在仪卫队伍中。这一时期戎装款式中最有特色的是**裲**裆铠。铠分前后两大片，遮住前胸后背，类同于如今的背心式样，长度至腹下，腰以下再有甲裳，甲裳分左右两片。

至唐代，戎装形制已经十分完备。如铠甲，《唐六典》载：“甲之制十有三。”就是说有13种铠甲作为正式军事用服装，从它们的具体名称可以看出，材质有铜质、木质、皮质和布质等。唐代的兜鍪、铠甲和皮靴都造型考究，做工精细，而且雕铸兽头、云子花等。其中有的铠甲在前胸双乳部各安装一个圆护，有的再在腹部加装一个圆护。甲片叠置，便于行动，其结构左右对称，方圆对比，大小配合，从整体上看十分协调。穿的时候，一般里面要衬战袍，肩上加“披膊”，臂间佩“臂**韝**”，下身左右各垂“甲裳”，胫间有“吊腿”。铠甲的设置不仅要符合实战要求，色彩也要体现出军队的威力与勇

[意]郎世宁《乾隆戎装大阅图》（局部），描绘了清朝乾隆皇帝全身戎装，检阅军队的情景。

往直前的精神。根据《册府元龟》《新唐书·李勣传》《唐书·礼乐志》等史书的记载，当时有可能是以金漆，也可能是以金银镀在铜铁铠甲表面。内衬的战袍也要绣上凶禽猛兽，这样能够起到振军威、鼓士气的作用，同时相当漂亮。

宋代的戎装，一种用于实战，一种专用于仪卫。《宋史·兵志》中载：全副盔甲共有1825片甲叶，各部由皮线穿连，一般一副铁铠甲重量为25公斤左右。当时也有纸甲，较轻。具体做法是用天性极柔的纸加工捶软，叠成方块约10厘米，周围有4个钉，铳箭不能穿透。至于仪卫的将士服装，多以黄帛为面，布做里，面上以青绿色画成甲叶式的纹样，并以红锦缘边，以青布为下裙，红皮为络带，长短至膝，前胸绘有人面，自背后至前胸缠有锦带，并且有五色彩装。

明代时的戎装已经多样，仅从名称上看，有锁子护顶头盔、抹金凤翅盔、六瓣明铁盔、八瓣黄铜明铁盔、摆锡尖顶铁盔、水磨铁帽及头盔、红顶缨珠红漆铁盔，齐胸甲、柳叶甲、长身甲、鱼鳞甲、圆领甲等。

清代是中国古代戎装发展变化最大的一个时期。一是满族作为统治者，首先在汉族军戎服装上加以改进；二是火枪、火炮等热兵器开始使用，势必导致戎装的改革。特别到了清代后期，光绪三十一年（1905）制定陆军新服制式，自此，水兵、陆军、巡警等服装，明显地带有西欧军服的特征了。

唐代甲士（据敦煌唐代壁画绘，选自沈从文《中国古代服饰研究》）

明代将官胄甲穿戴效果图（高春明 绘）

飘逸的褒衣博带

褒衣博带，是指肥大的衣衫和宽而长的飘带。一句“褒衣博带”，狭义可指中国魏晋南北朝时文人所追求的神仙般的风姿，广义也可统指中国古代服装总体风格。可以设想“张袂成荫”是什么感觉：抬起胳膊来，袖子投影一片荫凉。《宋书·周郎传》记：“凡一袖之大，足断为两，一裾之长，可分为二。”这才体现出中国服饰的儒雅风采。

公元220年，魏文帝曹丕（187—226）继位，继而对其弟曹植（192—232）百般限制，多次迁封。

东晋 顾恺之《洛神赋图》（局部）。飘逸的服饰，完美地衬托出洛神“飘若惊鸿，宛若游龙”的风姿。

传说中，曹植心爱的意中人也被哥哥占去，立为甄后。一日黄昏，曹植郁郁寡欢，行于洛水河畔，他恍惚间见到甄后从水面上飘然而至，但他又不得靠近。曹植惆怅万千，遂假托洛水之神宓妃写就《洛神赋》。他在赋中形容洛神：身着鲜艳夺目的纱罗衣，佩戴着金翠的饰件，那些碧玉和珍珠映得全身好似闪着光泽，脚上登着织有花纹的鞋子，衣服的前襟和下摆乃至衣袖都有华丽的纹饰，并像雾一样轻盈和神秘。读起原文来，更可以由文学之美进而形象地体味到服饰之美——“披罗衣之璀璨兮，珥瑶碧之华琚。戴金翠之首饰，缀明珠以耀躯。践远游之文履，曳雾绡之轻裾”。她的体态也特别的轻盈美妙，“体迅飞凫，飘忽若神，凌波微步，罗袜生尘。动无常则，若危若安。进止难期，若往若还……”

东晋大画家顾恺之（348—409）根据《洛神赋》的诗意，画了一幅长卷《洛神赋图》，将洛神的服饰形象显示在画面上：洛神翩翩而来，踏水前行，真乃凌波仙子。风吹动她的衣衫、裙裾和披帛，随风飘舞，轻盈灵动，使人不禁产生无限遐思。这不正是中国传统服饰的魅力所在吗？细想起来，中国传统服饰离开了柔软、轻飘的丝绸不行，离开了那肥大多褶的衣裳也不行。当平静无风时，垂直的衣纹就像一泻千里的瀑布，每当微风吹来或着装者轻移步履时，衣裳便平行飘舞起来，形成了天国神仙般的飘逸风采。当然，这不仅限于女性，中国男性服饰那种不同于欧洲男性袒露下肢肌体结构的“长裙雅步”，也同样创造出一种非神而似神的独特韵味。这一切取决于质料，借助于风力和动作，更直接来自于服饰的某一局部或单独饰件。

东晋 顾恺之《洛神赋图》（局部）。画中人物为着大袖长衫的曹植及侍臣，曹植戴梁冠，侍臣为漆纱笼冠。

明 王仲玉《陶渊明像》。画中诗人宽大的袍袖随风飘动，象征着他辞官归隐后心灵的解脱。

中国服饰形象中的袖、襟、披帛、帔子、衣带，连同那些质地和纹路所构成的美，是中国服饰的迷人之处。

可以这样说，衣衫大而长所造成的飘逸感，是有条件的。如果衣料厚重，或是只将身体裹成一个圆筒，那么再长再大，也不会使人产生飘动的感觉。衣襟和衣袖的有意加长，是中国人的创造。欧洲人的服饰裙长但袖不长；阿拉伯人袍衫连头一并蒙起，但衣袖阔而短；日本人的和服看起来有些款式袖子较长，若比起中国传统服饰风格，还是算不上长，而且有些长袖的效果，是另外拖袖，实则是横阔以下垂，却不在竖长超过手臂多少。中国京剧服装的袍袖（如水袖），就是在常服基础上的艺术夸张，水袖之美，也是中国衣衫的美。

湖南长沙子弹库楚墓中出土的帛画上，绘有一名男子驾龙舟的形象，他头戴高高的帽子"切云冠"，身佩陆离剑（以美玉或琉璃装饰的剑），其衣衫襟袖之长，足以说明中国服饰在2000多年前，就具有了这种飘逸造型风格的雏形。当代学者郭沫若（1892—1978）认为，这个人的年龄、风度和整体服饰形象，极似当年楚国三闾大夫屈原（前340—前278）。我们甚至可以想象，诗人屈原是穿着这种似乎能飘动起来的衣衫去吟诵他的浪漫主义长诗《离骚》的。因此，古人说这位诗人常常"行吟"，即边走边咏诗，就好像古希腊哲学家苏格拉底、柏拉图和亚里士多德以一块整幅布围裹成长衣去展开辩论一样。他们的服饰形象分别代表着那一个时代和自己的民族，古希腊的围裹长衣会被风吹起一个角或是整体像鼓胀的风帆，但是屈原的衣衫却靠着肥大的襟与袖去自然飘逸，以人体轮廓的局部变形去表现一种说不尽的汉文化韵味。

唐 佚名《八十七神仙卷》（局部）。画中所绘人物服饰，衣褶绦带临风飘举，使整幅作品具有一种飞动的艺术感染力。

东晋文人陶渊明（约365—427）曾经一度做过小官——彭泽县令，后来因厌恶官场，毅然回归故里。他在《归去来兮辞》中，表达了渴求田园恬静生活的愿望。他喜不自禁地吟道："舟遥遥以轻飏，风飘飘而吹衣。"明代画家王仲玉以此诗为题绘画时，以画笔表现出陶渊明那种意求隐居，回归大自然后，衣衫被风吹动而飘拂起来的状态，以及由此显现出来的心灵解脱。

唐明皇（685—762）与杨贵妃（719—756）的爱情故事，在中国封建帝王和后妃的情感史中，可谓千古绝唱。唐代诗人白居易在《长恨歌》中，描述安史之乱平定以后，唐明皇派人去寻找杨贵妃的灵魂。可是，"上穷碧落下黄泉，两处茫茫皆不见。忽闻海上有仙山，山在虚无缥缈间"。后人根据这一点，传说杨贵妃没有死在马嵬坡，而是去了日本，日本甚至有贵妃墓。不管怎么说吧，当杨贵妃"闻道汉家天子使，九华帐里梦魂惊。揽衣推枕起徘徊，珠箔银屏迤逦开。云鬓半偏新睡觉，花冠不整下堂来"，当时"风吹仙袂飘飘举，犹似霓裳羽衣舞"的动人景象，给后人留下多少遐想：杨贵妃是那么美，她当时的心情又是那么激动，行动那么迅疾，海风吹起了她的衣袖——中国特有的服饰，特有的美人。

"褒衣"和"博带"并提，说明这种飘逸的服饰形象，不仅要有宽大的衣衫，还要有能够随风飘起的帔子或披帛。

唐代女性喜欢帔子。帔子是一块长方形的绸巾。从出土陶俑看，大多披在肩上，而且总是一肩短些，一肩却垂下许多，遮住手臂。不像俄罗斯女子的披肩那样，将一块三角巾或方形毛毡对折成三角状，披于肩背，一角在背后，两角搭在两个小臂；中国的帔子是柔软并轻盈的，传说唐明皇有一次在宫苑露天大宴群臣时，杨贵妃的帔子被风吹起，落到大臣贺知章（659—744）的头上，成为一时趣谈。

比帔子长而窄，从背后绕至身前搭在两臂间的绸带，叫“披帛”。披帛给中国女性所带来的美是无限的。且不说仕女画中常服上的披帛，中国甘肃敦煌石窟壁画上那些美丽端庄、姿态万千的“飞天”，将美表现到极致，也是在相当程度上凭借了披帛的魅力。“飞天”没有西欧神话中小天使的肉翅，但是披帛更能使其漫天起舞，自由飞翔。

中国元代画家张渥（？—1356）根据屈原《九歌》的诗意，再加上自己的所见所闻和艺术构思，勾画出《九歌》中诸神形象。其实哪里是神，分明是现实的人，因为除了“山鬼”以外，其他诸神的服饰完全与当时人们的日常服装一样。只不过，画家为了强调神的腾云驾雾，在笔法上特意强调了披帛的动势，藉其飘拂，表示一种“人间天上”的想象。由此不难设想，唐代时吴道子（约680—759）画的神佛壁画，被画论家张彦远（815—907）形容为“天衣飞扬，满壁风动”，那是何等的气势！

敦煌莫高窟壁画，飞天披着长长的披帛，漫天起舞。

帔子与披帛之外，中国女性还在衣外腰带处缝系绸带，特别是东晋画家顾恺之画的女子服饰形象，很明显是在系扎绸带的同时，将衣服的下摆裁成无数尖角形。衣服经穿着、围裹，这些尖角层层叠叠，加之受气流的影响，可变幻出意想不到的繁复而又绮丽的灵动效果。

中国人不主张袒露躯体，因而衣衫宽大以求遮体；但是中国人尤其文人看中天地的神韵，非常强调“天人合一”，意指人的一切应与大自然特别是神秘天空的一切和谐一致。因此，文人雅士们虽然站在大地之上，却又希望脱离这片凡尘，而能与天同在，与日月同辉。中国道家宣传羽化成仙，所谓羽化，就是外衣以羽毛做成，故而高士披风中有一种谓“羽衣”，这就是应用服饰来创造出天国的意境，以追求超凡脱俗的潇洒与超脱。

飘逸是中国服饰独有的美！

绮丽无比大唐装

如今人们总会听到“唐装”一词，往往有国际峰会在中国召开时，大小媒体都会渲染“唐装”。实际上，这里的“唐装”是对中国服装的概括称呼。由于唐代时中国在世界上影响大，因而“唐人街”“唐装”等词语中的“唐”都是代指中国。不过，若从服装史的角度看，唐代人着装的确不是一般朝代人所能比的。换言之，唐代服饰是中国服饰文化史中最为灿烂夺目的。

公元7世纪到9世纪的大唐王朝，不仅疆域广阔、政治稳定、经济繁荣，而且以博大胸怀对外国实行开放政策，允许外国人到中国经商，吸引外国留学生，甚至允许外国人参加选拔官员的科举考试和出任官职。正是因为对外来文化、艺术、宗教采取欣赏和包容的态度，才使当时的首都长安成为了中外文化交流中心。特别值得一提的是，唐朝妇女不必恪守传统儒家规范，她们可以穿各种款式的服装，而且享有选择配偶和离婚的自由。相当富足的物质条件和相对宽松的社会环境，使得唐代的文化空前发展，诗歌、绘画、音乐、舞蹈等领域群星璀璨。加之在隋朝已奠定了坚实基础的纺织业到了唐代有了长足进步，缫丝、印染技术更是达到了相当高的水平，服饰材质品种之多、产量和质量之高，前所未有，而且不拘一格的服装样式时变时新，流行周期短得惊人。

唐代彩俑：着襦裙装的女子

唐代妇女化妆顺序图（高春明 绘，选自周汛、高春明著《中国历代妇女妆饰》）

尤其在盛唐期间，最精彩的要数女装，以及女子那变幻多样的发髻、佩饰和面妆。唐女讲求配套着装，每一套都是一个独具特色的整体形象。人们不是凭自己一时心血来潮，而是依据所处的社会背景，将服饰艺术之美发挥到了极致。因而，每一种搭配都个性鲜明，又有着令人玩味的文化底蕴。唐女的配套装可主要归为三种，除了受丝绸之路影响而引进的胡服以外，还有中原典型传统襦裙装和打破儒家礼仪规范勇敢穿起的整套男装。

襦裙装上为短襦、长衫，下为裙，这也许算不上新颖，但唐女将它穿出了新样。如短襦或长衫，在圆领、方领、斜领、直领和鸡心领的交替流行中，竟索性将其开成袒领，这是在前朝未曾出现过的创新之举。最初还主要为宫廷嫔妃、歌舞伎等穿用，但很快便引起仕宦贵妇的垂青，这说明唐代人思想是非常开放的。儒家经典明确规定妇女要用衣服将身体裹得很严才能出门，像唐代女装这样领子低开至双乳上侧、露出乳沟的款式，是其他朝代女人根本不敢想、不敢穿的。

唐代仕女画家张萱、周昉惯画宫中艳丽肥硕的女子。周昉的《簪花仕女图》中，女子着及胸长裙，上身不再着内衣，而是直披一件大袖纱罗衫。画家的写实笔法，如实地描摹出唐代绚丽的丝绸衣料与绣工，而且通过逼真地描绘出画中人柔润的肩和手臂，来显示纱罗几近透明。

唐人崇尚丰硕、浓艳之美，赏花喜欢赏牡丹，爱其个大、色艳饱满；人则讲究男无肩女无颈，方为美女美男子。在唐代绘画中我们不难看到，唐女为了显示自己丰满，特意用六幅、八幅、十二幅衣料制

唐 周**昉**《簪花仕女图》（局部）。画中女子梳高髻，头插牡丹花，身着朱色长裙和大袖纱罗衫，佩披帛。这种上身不再着内衣，仅以轻纱蔽体的大胆装束，在中国传统服饰中极其少见。

作裙子，这还嫌不够，于是就出现了将裙腰提高，直到腋下的款式，这样就看不见女子的腰身，愈显丰腴雍容了。

对于唐裙的描绘，诗人几乎用尽了绝妙的诗句，除了款式之外，还有不少提及裙色和衣料。如唐代诗人孟浩然（689—740）写裙，“坐时衣带萦纤草，行即裙裾扫落梅”，显然是咏其裙长；李群玉（808—862）诗云“裙拖六幅湘江水”，既说其裙子用料之多，也道出了宽大裙子宛如水的波纹一样，灵动而又隽永；孙光宪（901—968）词曰“六幅罗裙窣地，微行曳碧波”，则说得更加形象化，细密的裙褶，使得穿裙人仿佛走在布满涟漪的水面上。武则天（624—705）时，还有将裙四角缀上十几个铜铃、银铃的，走起来叮当作响。

唐女喜欢的裙子颜色有深红、杏黄、绛紫、月青、草绿、郁金等，其中以石榴红裙流行时间最长。李白（701—762）诗有“移舟木兰棹，行酒石榴裙”；白居易诗云“眉欺杨柳叶，裙妒石榴花”，是说眼眉比柳叶美，裙子艳过石榴花，真是有形有色。唐代另一首诗《燕京五月歌》中说，满街都是穿红裙的人，使得街道上像燃起了火一样，可以想象有多么壮观。郁金裙也是以植物色染成的，但这种植物不同于原产小亚西亚的郁金香，而是姜科多年生草本植物，其肥大根状茎及纺锤状块根的汁液能够染布，而且散发着香气。

关于唐裙，还有一则有趣的故事。唐中宗（656—710）时，安乐公主有一件百鸟裙，可以说是中国织绣史上的名作。这件裙以百鸟的羽毛做纤维再织成裙，白天看一种颜色，灯下看又是一种颜色，正看一色，倒看又一色，而且百鸟的形态都在裙上呈现出来，真是巧夺天工。当时富贵人家女子都想做一件百鸟裙，竟使得山林中珍奇的飞禽都被捉尽了。可见当年人们赶时髦的心理不亚于后世。

女子襦裙装并不只是上衣下裳，还有其他款式用以补充或装饰。如半臂，就是一种短袖衫，现代人都是在夏天穿着，可是唐女穿时，常套在长袖襦衫的外面，其功能与坎肩有些相似。只因其袖的长度在坎肩和长袖之间，所以称半臂。穿起来也是娉娉婷婷，美妙怡人。

唐女爱披帔子，或是两只胳膊上搭着披帛。这两种装饰物的样子，区别在于帔子阔而且短，一般披在一肩，帔子的材质可以是很轻盈的，当然也不排除以厚重毛织帔子御寒的可能性；披帛就是我们通常所说的“飘带”，后人画仙女和古装仕女，怎么也忘不了这种美妙的披帛。

与襦裙装相配合的足服，有凤头高翘式锦履，也有麻线编织的鞋或蒲草鞋，软软的，但很精致、轻巧。除了绘画作品为我们提供了足服的形象资料以外，在新疆等地出土文物中也可以看到实物。

唐女着襦裙装时，头上一般不戴帽子，花冠等是属于装饰性的，出门时先是戴一种从头蒙到脚的大围巾，叫羃，后来改成有一圈薄纱的帷帽。这种帷帽从唐初开始流行，至盛唐时，女人们连帷帽也不屑于戴了，干脆露髻骑马出行。当年发式可谓多变，体现着时尚的奢华之风。仅高髻，就有云髻、螺髻、半翻髻、反绾髻、三角髻、双环望仙髻、惊鹄髻、回鹘髻、乌蛮髻及峨髻等，另外还有较低的双垂髻、垂练式丫髻以及抛家、半翻、盘桓等 30 多种。这些发髻大多因形取名，也有的以少数民族的族称取名。今天人们除在唐代仕女画中看得到发髻上插满金钗玉饰、鲜花以及酷似真花的绢花的具体形象外，尚能从出土文物中一睹各种精致的金银头饰和绢花的实物。

唐代女子着襦裙装时还注意在脸上化妆。魏晋南北朝民歌《木兰辞》中即描述替父从军女扮男装的女英雄花木兰，在战后返乡时“脱我战时袍，着我旧时裳。当窗理云鬓，对镜贴花黄”。花黄也叫“钿”或“花钿”，是装饰在双眉之间的。到唐代时，女子的化妆就更是讲究了。

据古迹记载，唐玄宗对女性画眉有特殊的嗜好，以致被人们称为“眉癖”。他令画工画了十眉图，有鸳鸯式、小山式、云峰式，还有分梢式、倒晕式等。其实在唐玄宗之前，宫中和民间女性就已经创造出无数眉式了。不仅画眉，额上还有模仿西北民族佛妆的“额黄”；两个眉梢处有竖着的“斜红”。关于“斜红”的传说是，三国时魏文帝曹丕曾有个宫女，名叫薛夜来，文帝对她十分宠爱。一天夜里，文帝正在灯下读书，夜来上前侍侯，不小心撞在水晶屏风上，顿时鲜血顺着太阳穴流下

唐代妇女画眉样式的演变（高春明 绘，选自周汛、高春明著《中国历代妇女妆饰》）

饰桃花妆的女子（唐人绘《弈棋仕女图》局部）

来。痊愈后，脸侧依然留着红色的瘢痕，可是文帝依然喜爱她。于是，宫女们竟以此为时髦，纷纷用胭脂在脸上画对称的红瘢。刚开始时叫“晓霞妆”，状如清晨的红霞，后来大多称之为“斜红”。唐女在嘴唇涂朱红，也流行过不同的式样，讲究嘴小时，先将整个唇连同脸都用铅粉罩住，然后再按时兴的唇形去画。除了红唇以外，在唇角外一厘米处，即有些人天生有“酒涡”的地方，再点上两个红圆点，名叫“的”或“靥”，以增加女性那种甜甜的美。双眉之间画或贴上金箔、黑光纸、鱼腮骨、螺钿壳、云母片等材料做成的饰物，即前面所说的花钿，这也有美妙动人的故事。据说南朝宋武帝刘裕（363—422）有一位女儿叫寿阳公主。正月初七那天，寿阳公主行于（一说卧于）含章殿下，忽然微风吹来一朵梅花，恰巧贴在寿阳公主的额头，拿不掉也洗不掉，看起来很美，于是一种被称为“寿阳妆”或“梅妆”的面饰在民间流行开来。直到宋代，欧阳修（1007—1072）词中还有“呵手试梅妆”的句子。唐代李复言在《续玄怪录》中记下了这样一段故事：有个人叫韦固，一日路过宋城，在一家客栈下榻，当晚看见月下老人倚着装满红绳的袋子闲坐。按照中国人的说法，月下老人用红绳将男女二人的腿系在一起，这二人就是夫妻了。韦固遂上前询问自己的妻子是谁，老人翻开《婚姻簿》查了一下，说城北头卖菜婆的女儿就是，时年刚刚3岁。韦固听了很生气，就命仆人去射杀那女孩。仆人不忍，匆忙间只刺伤了女孩的眉心。十几年后，刺史王泰看韦固勇猛可信，就将自己的义女嫁给他。

新娘额头装饰着花钿，夜晚卸妆唯独留花钿不取下。韦固奇怪，一问才知道，新娘正是当年被自己派人刺伤眉心的那个女孩。这是一段传奇故事，但由此也不难看出，女性白天在脸上施以装饰，在当时还是很普遍的。

盛唐以后，妆靥的范围越来越大，扩展到鼻翼两旁，还变化出钱形、杏桃形、小鸟形、花卉形等，多的可在鼻两侧各画七只小鸟。人们在五代时期的敦煌莫高窟61窟壁画上，便可见到这种“薄妆桃脸，满面纵横花靥”的女供养人形象。

就在唐女觉得脸上再没有地方可供粘贴或涂绘花纹的时候，面妆之风陡然一变。《新唐书·五行志》中提到，唐代中期以后，女性一度流行不施脂粉，而且以黑色的膏脂涂唇。诗人白居易也在《时世妆》诗中写道：“时世妆，时世妆，出自城中传四方。时世流行无远近，腮不施朱面无粉。乌膏注唇唇似泥，双眉画作八字低。妍媸黑白失本态，妆成近似含悲啼。”这种被称为“啼妆”或“泪妆”的妆容，配以堕马髻（发髻偏斜在一边）、弓身步、龋齿笑（笑时似牙疼，遮遮掩掩），格外惹人怜爱，因而风行一时。当然，也有薄施脂粉显示另一种媚态者，如杨贵妃的姐姐虢国夫人，就曾“淡扫娥眉朝至尊”，以淡妆在皇帝李隆基面前邀宠。

总之，襦裙装的整体形象中包括许多传统的纯中国风格的文化基础，可以看做是东方美服美饰的典范。

唐女配套装束的第二种表现形式是着男装。

画花钿的女子（唐人绘《弈棋仕女图》局部）

将整套男服穿在身上，别有一番情致。唐代典型男服是头戴幞头，身穿圆领袍衫，腰间系带，脚登乌皮六合靴。这身装扮可使男子显得干练、潇洒又不失儒雅，而女子穿上，则别有一种洗尽铅华却添帅气、俏皮的风度。尽管儒家经典中早就规定“男女不通衣裳”，但唐代女子穿男装的形象在张萱《挥扇仕女图》《虢国夫人游春图》以及敦煌莫高窟壁画上都出现过；《旧唐书·舆服志》和《中华古今注》中也记载，唐代女子穿男装，包括皮靴、袍衫、马鞭、帽子，不论身份尊卑，甚至不管在家还是出门，都这样装束。由此可见，唐代社会开放，对女性的束缚很少。

唐女喜爱的装束还有一种是由丝绸之路而来的胡服。这种从西北游牧民族传入的胡服，尖顶浑脱帽、窄袖紧身翻领长袍、长裤、高靿革靴，再配上一条挂着许多皮条的腰带，确实具有一种异域的风采。当年，这种随着驼铃从西域传来的胡服，实际上包含许多印度、波斯等民族服饰成分。唐女感到耳目一新，于是一阵狂风般的胡服热席卷中原诸城，其中尤以首都长安和洛阳等地最为盛行。元稹诗“自从胡骑起烟尘，毛毳腥膻满城洛。女为胡妇学胡妆，伎进胡音务胡乐……胡音胡骑与胡妆，五十年来竟纷泊”，即真实地反映了当时的胡服热场面。

相对于女装来说，唐代男装款式变化不大。需要注意的是，这时的男子服装实际上已经有了某些西

唐代妇女胡服展示图（高春明 绘）

唐 张萱《虢国夫人游春图》（宋人摹本）。此画描绘公元 8 世纪上半叶唐代贵族妇女及眷从盛装出游的情形，其中可见头裹幞头、着男式圆领袍衫的女子。

域民族的文化元素，如**銙**带、皮靴等。唐人好骑马，男女都骑，不再像传统中原人那样要系丝绸绅带、脚踏丝线履了。究其原因，一种说法是唐统治者李氏王朝本身有西北民族血统，另一种说法则是，丝绸之路中西文化交流至唐已经结出硕果。

大唐人气魄非凡，勇于广收博采，因此大唐的服装才具有“万国衣冠拜冕旒”的盛况盛景。

优雅舒适的休闲服

宋代妇女居家服饰形象
（选自沈从文《中国古代服饰研究》）

对于今人来说，与礼服、工作服相对的就是休闲服。严格地说，休闲服中包括家居服，但不等同于家居服。这就是说，有一些非正式场合，休闲服还是可以随着着装者出现在众人面前的，如游园、购物等。休闲服就是穿着于非工作时间和工作环境，更非礼仪社交场合，这样界定休闲服就可以了。

那么，古人没有公职的多，什么叫休闲服呢？古代女子本来就不出去工作，因此休闲不休闲没有特别规定，只有皇后、皇妃、命妇等有礼服，礼服的质料、款式乃至花纹都要随丈夫的品级规定，至于其他妇女就关系不大了。但男性则不同，尤其是进入仕途的男性。中国古人有句话，“官身不由己”，即有公职的人要拿工资，古时叫俸禄，因此被派遣到哪儿，需要在什么场合穿什么衣服乃至坐什么车辆等等，都要符合舆服制度。低下来叫有失身份，高上去叫“僭上”，那等于说有野心，是要杀头的。这么说来，官员在家是应该置备休闲服的。

各朝各代都有休闲服，可是翻遍中国服装史，最优雅最舒适而又最具中国文化特质的，要数宋代的背子。

着直领对襟窄袖背子的宋代妇女形象（高春明 绘，选自周汛、高春明著《中国历代妇女妆饰》）

最常见的宋代背子款式，是以直领对襟为主，前襟不施袢纽，袖子可宽可窄；衣服的长度，有的在膝上，有的齐膝，有的到小腿，有的长及脚踝；衣服两侧开衩，或从衣襟下摆至腰部，或从腋下一直开到底，还有根本不开衩的款式。

在同一个时代，背子被男女老少不分尊卑贵贱地喜爱，实在是一件很奇特的事情。在题为《瑶台步月图》的画作中，穿着背子的女子尽显文静优雅；河南禹县白沙宋墓出土壁画上的女伎穿着背子；山西晋祠泥塑中也有穿背子的侍女。女子穿休闲服，在许多场合都是被视做正常的。

宋代的男人穿背子，则多是在家休息时。那种不系袢纽、可肥可瘦可长可短的直腰身款式，真是再休闲不过了。在一幅据传是宋徽宗赵佶（1082—1135）自画像的《调琴图》（一为《听琴图》）中，皇帝本人也是穿着一件深色衣料的背子。既然一国之主闲居时都着背子，可见其舒适度和休闲代表性。敦煌壁画中，有一位佛教故事中的著名人物维摩诘，在唐代绘画中还穿着唐人的圆领袍衫，而到了宋代，却也是一袭背子在身的形象了。当然，宗教人物的服饰可以随着传入的地域和时代而转换，这里说明的是，宋代时背子穿着最普遍。

背子的穿着虽说不特别讲究性别、身份，但主要还是集中在中上层人士之中，重体力劳动者仍旧穿短衣短裤。背子的广泛穿着，说起来与宋代文化是密不可分的。从造型上看，这种衣服的轮廓直直的，没有曲线，与袒领、阔裙、轻纱罩体大袖衫的唐服有着鲜明的区别。两相比较，唐代人的服装华美张扬，宋代人的服装含蓄内敛，有一种禁欲倾向。这种着装心理紧扣宋代的社会思潮——强调严格的人伦秩序，如君与臣、父与子、夫与妇之间的绝对尊卑和从属关系，个体的欲望表面上被禁灭，实际上通过一种内化的手段，探索更为深邃的精神空间。

也正因如此，中国古典美学精神在宋代达到了极致——建

宋 佚名《瑶台步月图》，画中三位仕女均着背子。

筑讲究白墙黑瓦，陶瓷讲究单色釉，绘画讲究写意风格的水墨山水，就连赏花也看重梅、兰、竹、菊等用以借喻人之清高品格的种类。背子的样式简约，风格素雅，真正是以简胜繁的杰作，而且，当时的人们着装只要洁净就可以了，并不刻意追求新颖和与众不同。背子正传达出那种简约至极的物象之美。

宋代以后的明清两个朝代，特别讲究坎肩。明代妇女有一种长长的可以到膝下也可以到脚踝的长坎肩，名叫“比甲”。比甲穿起来也是相当舒适。尤其是织花面料上再施刺绣，领处有镶上的领抹，对襟处以玉佩装点，精巧细致、温柔典雅。着比甲的女子形象在明朝仕女画中随处可见。明朝女性以身材修长为美，而比甲恰恰能在视觉上给人苗条、挺拔的印象。可以这样说，有些衣服美观但不一定舒适，有些衣服舒适却又很难美观，但背子、比甲能做到二者兼顾。

中国传统服饰的材质主要是丝、棉，都是很柔软的，可以随着身体各部位姿势的改变而改变，加上裁剪时不太强调肩和胸背部的挺括，因而也减少了对肌体的约束感。背子、比甲一类服式不束紧腰身，甚至不用束带，更给身体以最大限度的活动空间。不要说古代，即使是从当下人体工程学角度来分析，这种衣服也是极具休闲意义的。

优雅、恬淡，传递着一种无欲无求的文化精神，背子、比甲通过休闲形式显示了中国人追求的修养境界。

宋 赵佶《调琴图》（局部）。画中抚琴者即为宋徽宗赵佶本人，一代国君闲居时亦着背子，可见这种服饰的普遍性。

文化凝聚体——官服

唐 韩滉《文苑图》(局部)。画中人物头裹幞头，着圆领袍衫，这是唐代文官的主要服饰。

在等级森严的封建社会，等级制度在服饰上表现得非常明显。因为政权需要稳定，而稳定就需要秩序，这种秩序的外在表现形式，相当一部分在于服饰，特别是官员服饰。在中国古代，每个人都必须遵守着装规范，而这种规范不仅涉及日常习俗，更是国家礼制的一部分，历朝历代都有各种条文、律令，对服装的材质、色彩、花纹和款式作出详尽规定，将皇族、文武官员和普通百姓的服饰严格区分开来，违者重罚。这种规范和限定各个社会阶层的穿衣戴帽，并以此标识官员等级和庶民地位的做法，显然是为了维护统治秩序，但客观上也增加了中国服饰的文化性。

说起中国的古代官服，人们往往会不约而同地想到戏曲舞台上头戴乌纱帽的小丑县官——身穿圆领袍，头上的帽翅左右翘动像两枚铜钱儿，腰间一条玉带，脚登白底黑靴。其实，这只不过是中国宋明时期官员的漫画形象。古代中国官员的服饰是很丰富的，各个朝代都有自己的规定，甚至在同一个朝代里也会多次变更，这些事关国家政治制度，“易服色”是关乎社稷稳定与政治主旨的。官服往往凝聚着中国人的世界观和对于政权的认识，丝毫也含糊不得。

首先说，官服必有冠，有冠才能显示出权威性。汉代官员文官多戴进贤冠，冠下衬有介帻；武官戴武弁大冠，配平巾帻。帻是包发巾的一种，秦汉时男子不分贵贱都戴，只不过官员的帻衬冠下，平民只戴帻。

魏晋南北朝时，有一种漆纱笼冠。它的制作方法是在冠上用经纬稀疏而轻薄的黑色丝纱，上面涂漆水，使之高高立起，里面的冠顶还隐约可见。

唐代官员和士庶都戴幞头。幞头初期是以一幅罗帕裹在头上，较为低矮。后在幞头之下另加巾子，以桐木、丝葛、藤草、皮革等制成，犹如一个假发髻，以保证裹出固定的幞头外形。中唐以后，逐渐形成定型的帽子，名字仍叫幞头。贞观年间，时兴顶上低平称“平头小样”；高宗和武则天时加高顶部并分成两瓣，称“武家诸王样”；玄宗时顶部圆大，俯向前额称“开元内样”。幞头有两角，亦称脚，开始时像带子，自然垂下，至颈或过肩。后渐渐变短，弯曲向上插入脑后结内，被叫做软角幞头。中唐以后的幞头之角，或圆或阔，犹如硬翅而且微微上翘，中间好似有丝弦，因其有弹性，这一类叫做硬角或硬脚。这种幞头，据说因北周武帝常裹戴而流行于世。

宋代官员戴幞头讲究直脚幞头，两边直脚各向左右展开。至于为什么要那么长，有一种说法是为防止官员上朝站班时交头接耳。不管怎么说，直脚幞头确实是宋

男子裹发用的幞头巾子一般用黑纱罗做成，前后经历了由软式前倾演变为硬式略见方摺的变化过程，大致式样有三五种。（选自沈从文《中国古代服饰研究》）

代官员首服的特有式样。

唐、宋、明，应被视为中国统治制度最为完备的时期，其间，官员的首服由唐宋幞头改变为明代的乌纱帽。样式并无多大差别，只是原为临时缠裹，后为定型帽子。乌纱帽最终成为官员的代称。

头戴幞头或乌纱帽，身穿圆领袍（唐）、圆领襕衫（宋）和盘领袍（明），腰扎玉带，脚穿乌皮靴，已成为中国古代官员的典型服饰形象。

这三代官袍的样式变化不大，区分品级与服色有关。如唐贞观四年（630）和上元元年（674）两次下诏颁布服色并佩饰的规定，第二次较前更为详细，即："文武三品以上服紫，金玉带十三銙；四品服深绯，金带十一銙；五品服浅绯，金带十銙；六品服深绿，银带九銙；七品服浅绿，银带九銙；八品服深青，鍮石带九銙；九品服浅青，鍮石带九銙。"在《唐音癸签》中记："唐百官服色，视阶官之品。"这些服色规定直至中国最后一个封建王朝——清王朝退出历史舞台，一直延续着，其间只是有微调，其中属明代时规定最细。如下表：

品级	梁冠	革带	佩绶	笏板
一品	七梁	玉带	云凤四色花锦	象牙
二品	六梁	犀带	云凤四色花锦	象牙
三品	五梁	金带	云鹤花锦	象牙
四品	四梁	金带	云鹤花锦	象牙
五品	三梁	银带	盘雕花锦	象牙
六、七品	二梁	银带	练雀三色花锦	槐木
八、九品	一梁	乌角带	鸂鶒二色花锦	槐木

为什么说中国官服至明清两代最为成熟呢？这里主要指的是官服前心后背的绣缀图案——补子。从史书上看，唐代时武则天曾赐百官绣袍，文官绣禽，武官绣兽，这直接影响了明代开始以带有图案的补子来区分文武官员品级的做法。

明代对于官服及其补子的规定如下表：

品级	补子		服色	花纹
	文官	武官		
一品	仙鹤	狮子	绯色	大朵花　径五寸
二品	锦鸡	狮子	绯色	小朵花　径三寸
三品	孔雀	虎	绯色	散花无枝叶　径二寸
四品	云雁	豹	绯色	小朵花　径一寸五
五品	白鹇	熊	青色	小朵花　径一寸五
六品	鹭鸶	彪	青色	小朵花　径一寸
七品	鸂鶒	彪	青色	小朵花　径一寸
八品	黄鹂	犀牛	绿色	无纹
九品	鹌鹑	海马	绿色	无纹
杂职	练雀			无纹
法官	獬豸			

以上的规定并非绝对，有时略为改易。明世宗嘉靖年间（1522—1566），对品官燕居服饰也作了详细规定，如一、二、三品官服织云纹，四品以下不用纹饰，以蓝青色镶边，三品以上金线缘边，四品以下不许用金等。

清代是满族统治的朝代，由于清初期就强调不许随便易汉服，而强令汉人随满俗，致使清官员服饰有着明显的满族特征。清代官服以袍、衫、褂、裤为主，一律改宽衣大袖为窄袖筒身。前开襟，以钮扣系上，代替了汉族原先多用的绸带。一般没有领子，再另加牛舌样的领衣。头上根据季节有暖帽和凉帽两种，后面插戴着孔雀翎。

有趣的是，尽管清代官员服装式样上与明代相距甚远，但是清代官服保留了明代官服的补子。文官依然用禽，武官依然用兽，只是有一些调整。在《大清会典图》中有如下规定：

品级	文官补子绣饰	武官补子绣饰
一品	仙鹤	麒麟
二品	锦鸡	狮
三品	孔雀	豹
四品	云雁	虎
五品	白鹇	熊
六品	鹭鸶	彪
七品	鸂鶒	犀牛
八品	鹌鹑	犀牛
九品	练雀	海马

当年的按察使、督御使沿用獬豸补子，其他诸官还有彩云捧日、葵花、黄鹂等图案的补子。清代官服中补服的袍身略短，袖端平，穿着时露出里面衣服的马蹄袖。肩上是大披领，颈间还有朝珠。最需要注意的是，虽然清官服沿用了补子，但由于清官服是前开襟，所以胸补只得分成两块，系上后看上去是一个整块。

纵观中国古代官服，尽管在顶戴、朝珠、玉带、服色上有许多讲究，但是最能体现文化内涵的还是补子。补子的图案很有意思，在文官补子中有的是现实世界的动物，如仙鹤、锦鸡、孔雀、云雁、白鹇、鹭鸶、**鸂鶒**、黄鹂、鹌鹑，可是也有的是不完全的写实动物，如练雀，它的形状有点像鹭鸶，又有点像孔雀。法官补子獬豸，更是完全神化了的动物，《后汉书·舆服志》记："獬豸，神羊，能别曲直。楚

清代年画，反映出当时各级官吏的服饰形象。

王尝获之，故以为冠。”传说中獬豸独角，形状类羊类鹿，实际画出来像麒麟，又像貔貅，说它能辨是非，见人争斗，即以角抵触邪佞，难怪以它来做法官的补子了。

武官的补子图案也是各式各样，有的是写实形象，如狮、虎、豹等，但熊的形象根本看不出是熊还是牛，犀牛也是一副水牛或黄牛的样子，离真实的犀牛相距甚远。尤其是海马，完全是按照中国人思维构成的，一匹在碧波上奔跑的陆地上的马，这真是够有想象力的。这说明，在中国古人意识中，补子就是符号，符号具有标志作用就够了，不一定追求它是否写实。其中更有麒麟，本来就不是真实的动物，而是根据非洲长颈鹿的特点加工而成的。据说麒麟有角不触人，有蹄不踢人，前腿长，后腿短，善跑，音哑，日行千里……这不正是长颈鹿吗？当然，我们若看形象，就会发现它有些像龙，有些像马，还有些像狮，总之是神兽、仁兽。

官服，是中国服饰史中的一个亮点，它集中体现了许多中国人的思想意识，从这种意义上说，官服也是一种文化符号。

明代文官补子图案（华梅 摹）

一品 仙鹤

二品 锦鸡

三品 孔雀

四品 云雁

五品 白鹇

六品 鹭鸶

七品 鸂鶒

八品 黄鹂

九品 鹌鹑

杂职 练鹊

风宪官 獬豸

明代武官补子图案（华梅 摹）

一品 狮子　二品 狮子

三品 虎

四品 豹

五品 熊

六品 彪　七品 彪

八品 犀牛

九品 海马

明代一品文官补服图（高春明 绘）

帝制灭亡　西服东渐

剪辫与放足

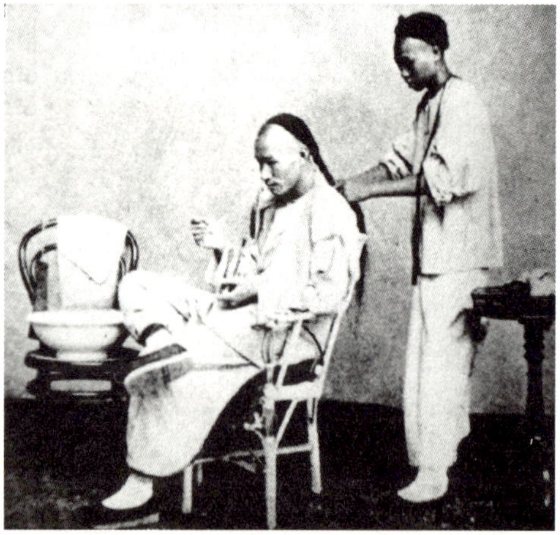

清朝末年，上海街头的剃头铺，剃头匠除了为顾客剃发外，还要为客人打辫子。

1912 年 1 月 1 日，中国旧民主主义革命——辛亥革命成功，南京临时政府成立。2 月 12 日，中国历史上最后一位皇帝被迫宣告退位。这标志着，统治中国达 2000 多年之久的封建制度退出了政治舞台。

20 世纪第二个十年的中国，最突出的时尚，莫过于剪去男人们的大辫子了。以中国占绝大多数的汉族人的传统理念来说，讲究“身体发肤，受之父母，不敢毁伤”，所以古代汉族男女都要蓄发，男子 20 岁时就要束发戴冠；女子 15 岁时就要束发，以发笄固定，称为“笄礼”，即成年礼，意味着可以谈婚论嫁了。可是清代时，由于皇族是满族人，满族男子讲究剃去前额的头发，把后面的头发梳成大辫子，清统治者要求汉族男子也必须剃发留辫，因而遭到强烈反对，镇压时一度血流成河。进入民国，中国男性终于摆脱了被世界耻笑的“猪尾巴”。尽管剪辫的起始并不是出于自愿，甚至遭到满汉两族很多人的同时反对，但由此形成的发式，依然算得上潮流，而且面貌一新。

封建王朝被推翻以后，临时大总统孙中山曾发出一系列命令，其中就有《令内务部晓示人民一律剪辫文》，提出“今者满廷已覆，民国成功，凡我同胞，允宜涤旧染之污，作新国之民……凡未去辫者，于令到之日，限二十日一律剪除净尽。有不遵者（以）违法论”。由剪去长辫但不剃短头发而形成的发式“马子盖”，一下成为当时的流行发式。其特点是前面仍有髡发遗痕，后面成了散着的短发，类乎大背头，老北京人将其称为“帽缨子”。“马子盖”自民国初年流行了很长一段时间，一些封建思想浓厚的富户老者一直保留着这种发型。

进入民国，中国男性终于结束了200多年的留辫史。

除了剪去男人大辫子以外，再一个推翻帝制的标志就是汉族妇女不再缠足，已经缠足的也不再坚持，放开后谓之“半放足”，由于脚形半缠不缠不好看了，还被讥讽为“红薯脚”。当然，这一点不同于男子剪辫，它只是针对汉族女子，而满族等少数民族的女子本来就不缠足，谓“天足”，即天然生成的意思。

据传五代南唐李后主（937—978）时，有一位受宠的嫔妃，名叫窅娘。窅娘生得苗条俊美，又能以帛缠足作新月状，舞于莲台之上，因而影响了一代审美观。南唐之后的宋、明两代，中等以上人家的女儿，都要在生下来几年后用布带子把脚裹起来，使脚形偏尖，大小为中国尺三四寸的长度，称之为“三寸金莲”，相当于10厘米或长一点儿。如果不缠足，长大了就嫁不出去。过去媒人和男方看一个姑娘，先不看脸漂亮与否，一定要先看脚是否小而且形是否好看。如果从四五岁缠足，就意味着忍受很大的痛苦，这一点颇像西欧女子束腰。这两种美都属于畸形美，都是以女性身体上的痛苦和行为上的受约束为代价的。但是，它们属于社会美。在漫长的人类进程之中，我们可以发现，

清朝末年，六位缠足的女性合影。

自然美遭遇社会美时，往往是会屈服的。例如今日的高跟鞋，不也是在突出女性身材美、姿态美时，牺牲了她们的自然舒适吗？

妇女保持天足不裹脚，自晚清起就有有识之士强烈呼吁，终于在辛亥革命后得到确认，继而流行开来。小姑娘一双天足进出学堂，缠足的妇女也讲究放开双脚。一时间，有文化的家庭纷纷以女性不缠足作为文明的象征。就这样，千年陋习得以终止。中国妇女从不缠足开始，逐渐提高了政治地位和经济地位。

剪辫与放足，是中国人甩掉“百年耻辱”，如雄狮醒来的一声振奋的怒吼。

三寸金莲

长袍与西服同在

有一种说法，20 世纪第二个十年以后，中国社会宛如服装博览会，既有前清的（清王朝已于 1912 年灭亡）；又有民国的（1912 年建立）；既有西洋的（欧美等国家），又有东洋的（日本），真可谓五花八门，兼容并蓄。

就男装来说，有不少人仍习惯于穿长袍，长袍即为清代常服。有些男性一袭长袍相当潇洒。只不过，随着西方服装乃至西方生活方式和价值观进入中国，更多中国人开始在着装方面希望求新。

男装在清代常服长袍马褂的基础上，演变出了新的款式和搭配方法。马褂对襟窄袖，长至腹部，前襟钉纽扣 5 粒。长袍或长衫一般是大襟右衽，长至踝上六七厘米，在左右两侧的下摆处开有 30 厘米左右的小衩，袖长与马褂齐平。穿着时，单层的长衫或夹、棉的长袍外罩马甲，下配中式掩腰裤，头戴各式帽子，系长围巾，登双梁鞋（鞋前部中间有两条脊）。这种穿着方式是民国初期中上层男士的典型装束，多用于出席中国人自己的商会活动或前清遗老遗少的礼仪活动。这时男子已经剪去发辫，因而除了天热时戴草编帽，天冷时戴毛皮帽以外，最多的时候是戴瓜皮帽，即俗称“帽刺”。一般民众着土布长衫（以蓝、灰为主）、土布短褂、棉长袍、合身短袄、棉夹背心、大裆掩腰裤，脚登手缝布鞋。

服饰形象是最能表现流行趋势的。清末民间“十不闲”“莲花落”等曲词中，留下了许多当年时尚打扮的记录。如头戴一顶倭缎镶边仿丝里儿的草帽，身穿一件牡丹暗纹鸭蛋青色细洋绸的长袍，内衬花洋绉葱心绿的套裤，都沿着桃红色的滚边……其中多处提到“倭”“洋”，说明不是日本料儿就是西洋料儿，其实当时的日本料儿也有许多是从西方传过去的。

20 世纪 20 年代，男子西装革履已成时髦，当出席有外国人参加的活动或出入洋行时，多为头戴礼帽，

20 世纪 10 年代的合影，长袍马褂、学生装、西装并存。

脚登亮面皮鞋，上衣小兜里掖一块折叠有致的手帕（深色西服必须配白手帕），西服内着衬衣，颈间系着领带或领结。与之相配的有各种装饰的领带卡，坎肩、背带也是一丝不苟。胸前垂着金壳怀表的金链，上面装饰着宝石雕成的小桃、石榴或翠玉琢成的白果、香瓜等。手上要戴各种石料的戒指或素金戒，出门则讲究戴上白手套，还要提着根“司的克”，中国人称其为“文明棍”，实为拐杖，又没有什么实际意义，只是为了显出风度气派。有时腋下还夹个大皮包。尽管长袍马褂依然存在，可是也允许全套西服。完全的西装革履被视为一种大胆的新派作风，被认为很洋气。中西两式服装并行不悖，在当时非常自然。

20 世纪一二十年代，许多青年学生到日本学习，带回了日本的学生装。这种沿用了西式服装三片身和袖身分开剪裁的服装式样，给人朝气蓬勃、庄重文雅之感。它一般不用翻领，只有一条窄而低的立领，不系领带、领结。在衣服的正面下方左右各有一个暗袋，左侧的胸前还有一只外贴兜袋。这种学生装不仅深受广大进步青年的喜欢，还衍生出了典型的现代中式男装——中山装。

中山装的特殊之处是对衣领和衣袋的设计。高矮适中的立领外加一条反领，效果如同西装衬衣的硬

中山装的流行时间很长，直到 20 世纪 80 年代，它仍是中国男性的主要服装样式。（王家斌 绘）

20 世纪 20 年代的男子服饰，长袍搭配西式礼帽、长围巾、皮鞋，可谓中西合璧。（王家斌 绘）

领；上衣前襟缝制了上下四个明袋，下面的两个明袋由压褶处理成“琴袋”式样，以便放人更多物品，衣袋上再加上软盖，袋内的物品就不易丢失。与之相配的裤子前面开缝，用暗纽，左右各有一大斜口暗袋，在腰前设一小暗袋（表袋）；右后臀部挖一暗袋，用软盖。这种由中华民国创始人孙中山（1866—1925）倡导并率先穿用的男装，较之西装更为实用，也更符合中国人的审美习惯和生活方式。虽然采用了西式的剪裁、面料和色彩，却体现了中式服装对称、庄重、内敛的气质。一时间，中山装成为进步人士的典型着装。

有一种说法是，中山装的由来，源于孙中山先生将清代官服的领衣（翻折型）用于日式学生装上，早期为九纽，胖裥袋。1929 年，国民党制定宪法时，曾规定特、简、荐、委四级文官宣誓就职时一律穿中山装。依据国之四维（礼、义、廉、耻）而确定前襟为四个口袋；依据国民党区别于西方国家三权分立的五权分立（行政、立法、司法、考试、监察）而确定前襟为五个纽扣；依据三民主义（民族、民权、民生）而确定袖口必须为三个扣子等。这以后，中山装由时装转换为礼服。

当然，20 世纪 20 年代最有特色的中国男装还要数一身中西结合非常巧妙的套装。1919 年“五四”运动时期，革命青年身穿长袍，颈绕毛围巾，人们在此基础上再戴顶西式礼帽，下穿西式裤、皮鞋。既有现代气息，又仍带几分儒雅。这在表现 20 世纪 20 年代的电影中，已成为经典服饰，给世界人民留下深刻的印象。

与此同时，眼镜大为盛行，那种滴溜儿圆的镜片，那种固定在无框镜片上的金属架，一时被称为金丝眼镜，为有钱或有知识的男女所钟爱。清代诗人杨静亭《都门杂咏》云“方鞋穿着趁时新，摇摆街头作态频，眼镜戴来装近视，教人知是读书人”，可以使我们想到眼镜曾带给人们的时尚。

由于清廷闭关锁国的政策，中国人曾长期缺乏对外国的了解。

20 世纪 30 年代的集体婚礼，新郎依旧长袍马褂，新娘却身着西式婚纱。

推翻清廷后，一切新时尚都被冠以“文明”二字，如新式结婚（不靠媒妁之言，不拜天地）也成为时尚，被叫做“文明结婚”。最有意思的是婚服。新郎依旧长袍马褂，甚至披红戴花，礼帽上插着类同旧时状元的帽花，而新娘却是一套西式婚纱，虽说有些不合套，但在当年被称为“文明婚姻”，在婚礼仪式和服饰上确实有着改良的意味。官员、军人服饰也屡屡变化，试图搞出点新花样。不想完全放弃原有的、本土的，却又想加上一些国外的、新奇的，这就是中国自 1840 年鸦片战争到 1949 年中华人民共和国成立之前的近现代思维状态。

中西合璧改良旗袍

阴丹士林布的月份牌广告，用阴丹士林布做旗袍是 20 世纪 30 年代流行的风尚之一。

旗袍，意为旗人的袍子。“旗”原是满族内部的军制，红、黄、蓝、白、镶红、镶黄、镶蓝、镶白八旗旗帜，代表八支部队。因此，汉族人曾将满族人笼统地称为“旗人”。满族女性常穿的长袍，也就被称为“旗袍”了。满族人长袍原本不分男女，都宽大厚实，因为要抵御中国东北地区的低温气候并需适合骑马，所以一般造型为直腰身，下摆开两衩或四衩，大掩襟。满族人主中原后，女子的长袍多不开衩，而且曾有一度袖子和下摆都很宽大。

清初旗袍实物，在内蒙古白音尔灯荣宪公主墓中出土了两件保存完好的。荣宪公主是康熙皇帝（1654—1722）的第三个女儿，随葬旗袍保留着鲜明的民族与时代风格：通身用绸缎制成，上施彩绣；圆领，窄袖，衣襟右掩，腋部收缩，下摆宽大；领口镶一条狭窄的黑边，所绣纹样都是典型的传统题材。其中一件是在深黄色的面料上绣数十只彩色蝴蝶，彩蝶之间

清朝满族绿纱旗袍实物

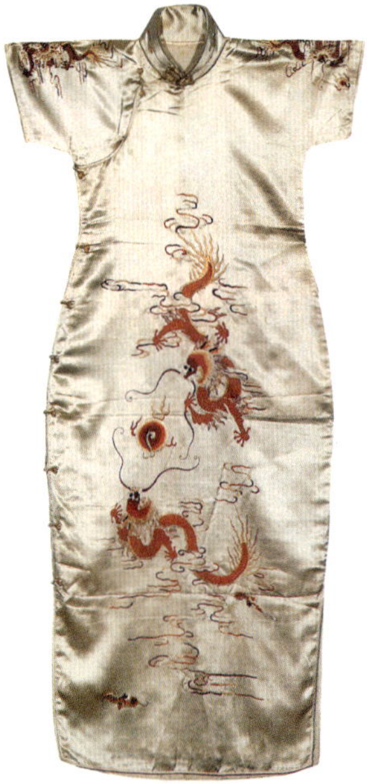

20 世纪 30 年代的改良旗袍。从 20 年代至 40 年代，旗袍在领、袖、腰、衣衩上多有变化。

又绣上祥云和花卉；在胸背及两肩、膝盖部位，又各绣两对大蝴蝶，作相对戏舞状；袍的下缘还绣着山水、八宝等纹样。普通满族妇女穿的旗袍长度只到脚面，露出双脚；旗人福晋（太太）、格格（小姐）要穿木高跟旗鞋（高跟在脚心处），旗袍要盖住双脚，也就以常服和礼服的形式丰富了旗袍的造型。当年，满族人旗袍和汉族人大袄互相渗透、融合，特别体现在边缘装饰上，如衣领、袖口、前襟及所有下摆边缘都要绣上图案或镶上“直道”“狗牙儿”。乾隆（1736—1795）之后，北京城的妇女时兴过“十八镶滚”，就是十八道花边紧紧挨着，甚至连袖口处的衣里部分也绣上花朵。

1911 年辛亥革命后，清朝灭亡，满族皇帝退位。清代纯满族式男服已无人再穿，但满族女式旗袍却被汉族妇女接受，并成为与袄裙同时存在的一种服式。20 世纪 20 年代起，这种旗袍演变为不绣或少绣花纹，衣身有意缩短。据说一批上海女学生剪短发穿合身蓝布旗袍，对旗袍改进发展起到了推波助澜的作用。至 20 年代末期，西式服装风格对中国服装的影响愈益明显，古老的旗袍也产生了惊人的改进：长度再缩短，并开始收紧腰身，两边开衩。这时的旗袍应该称做改良旗袍了，它是一种中西服饰优点完美结合的产物。

20 世纪 30 年代，旗袍进入辉煌的阶段，领、袖、襟的变化日新月异。满族入关以后的旗袍多无领，故而宫廷女性平时在室内也常围一条小围巾。改良旗袍的领子曾越来越高（领口有纽袢），待高到双颊时，转而又以低领为时髦；低到不能再低时，又将衣领加高。袖子也如此，长时遮住手腕，短时露出肘部。下摆忽而长可曳地，忽而短至膝间。发展到 30 年代后期，有的旗袍索性剪掉了袖子，成为无袖长袍；40 年代后期起，旗袍衣衩越开越高，到 50 年代，香港女士将两侧衩口上升到胯间，使穿着高筒丝袜的双腿隐约袒露。

一般说来，旗袍之美主要是以服饰形象的优长，突出表现了东方女性的典雅和娴淑。它可以用不同质料制成，又因此呈现出风格各异之美。粗布为之不寒酸，可以使穿着者更加含蓄大方；而装金饰银，以织金缎等为之，又显雍容华贵。

日本画家梅原龙三郎（1889—1986）认为“旗袍的设计很朴素，立领长身，在任何时代都不会丧失新鲜感”。这话说得非常好，但是感觉从何而来呢？他说：“高领托住了下腭，头部姿式必然端正；即便是坐着时，旗袍的开衩处腿的并拢的姿式也能收到美的效果。”梅原的系列“姑娘画”中的人物，大都穿着旗袍。

中国女性旗袍由不开衩一变而为开衩，不但给予女性以最大的行动自由，而且产生出忽隐忽现、扑朔迷离的幻视之美。在古代，无论东西方女性都忌讳显露下肢，哪怕是隐隐约约的。欧洲宫廷贵妇那些将低领开至胸间，露出肩、颈及上半截前胸的裙装，也绝对要以肥大而多褶的长裙遮住下肢，有时连露出衬裙都被视为不雅。谁会想到，当西服东渐之风吹得改良旗袍也以崇尚人体美为时髦，大胆收紧腰身，将开衩加长时，受西方人设计影响的旗袍风格时装却难以令欧洲人接受。宣告紧身胸衣彻底灭亡的伟大的法国设计师保罗·波烈（Paul Poiret）曾设计了中国旗袍式的女服，两旁开小衩，衣身紧瘦露出女性身体曲线，但由于衩小，因而迈步困难。当时的欧洲女士穿上这种衣服，配上彩色的长筒袜和皮靴，由她们的丈夫或情人搀扶着，慢慢地行走在林荫大道上，落得个“蹒跚女裙”的雅号。即使这样，还是惹起了一些妇女的责难，认为其下肢隐隐可见，有失体统。连教皇皮斯十世也斥责中国式旗袍女装，并下令禁止任何女性教友穿着。如今，旗袍令西方人为之倾倒，在旗袍的诸多美点中，开衩所引起的美感不可或缺。

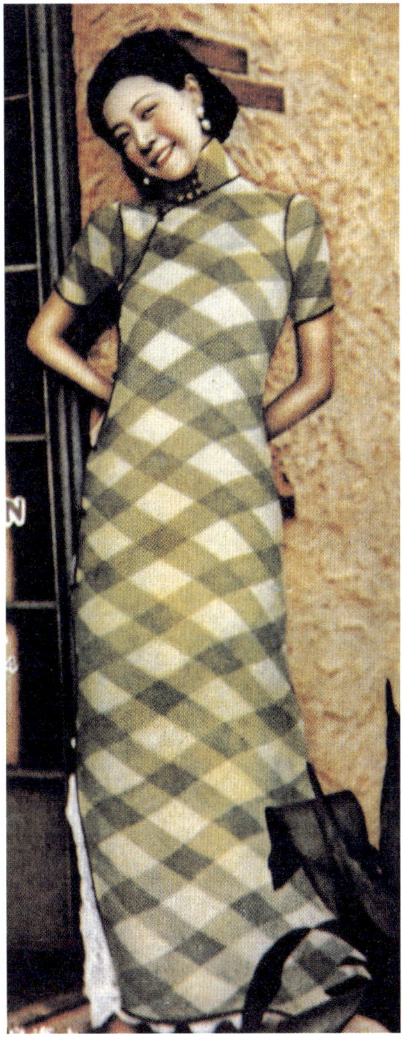

20世纪二三十年代红极一时的电影明星阮玲玉。女明星们引领的旗袍改良风潮，很快风靡全国。

20 世纪 30 年代的苏州女子。旗袍完美衬托出东方女性的婀娜多姿。

旗袍的掩襟在胸前变化万端，随着每一种旗袍掩襟设计的微妙差异，那条似乎有魔力的线组构成优美的音乐般的美感。如果从侧面看旗袍，可以将女性胸、腰、臀的曲线表现得格外动人，但这还只限于一般美感。真正能够领略到其风韵的，是直立的高领裹住颈部，不像西式服装那样另外上肩而是上身连袖，将女性肩部在不外露的情况下表现得柔美圆润，以至它比西方晚礼服直接显露肩部肌肤的美更为迷人。整件衣服并不像紧身衣、健美裤那样将肌体结构完全呈现在人们眼前，而是十分含蓄地创造出一种表现女性形体曲线美的艺术氛围。当她们向远处走去时，背后的身影更通过微微扭动的腰肢和由于走动而稍稍上下颤颠的略显轮廓的臀部，而将女性之美表现到极致。

旗袍的美还有很多，例如它上下一体，颜色花样一致，使矮个人穿起来也显得体态修长，适中身材更会是风姿绰约，婷婷玉立。略胖的女性可以在旗袍的统一造型和色彩中显示丰满而不臃肿，略瘦的女性又可以在旗袍的整体中显露一种精干与苗条。

20 世纪 30 年代，时尚女性被称做摩登（modern）女郎，她们的改良旗袍乃至全身装束不断融入欧美新式样。摩登女郎讲究服装廓形上的流线型，这显然和工业革命带来的审美情趣有关。一件考究的改良旗袍，天凉时要配西式外套或对襟毛线织的背心，再冷时出门则要套一件裘皮大衣并戴手笼。旗袍的前襟可以向两边开衩，也可以在前后开；领、袖部分开始出现融合西式的荷叶领、翻领、荷叶袖、开衩袖。很多人将旗袍下摆做成花瓣、花叶状。改良旗袍的最大特点是打破了原来旗人之袍无省的裁法，从而使之收腰明显，充分体现出女性的曲线之美。旗袍的基本形虽然简单，但款式、色彩等流行周期相当短。如 1931 年前后，腰身逐渐缩小，开衩由通常的膝下部位开高至膝上；1932 年后呈现袍身加长的趋势，1934 年已是衣边扫地；随之，在上海演艺界、卖笑业中旗袍开衩高至臀下，但里面有长及膝上的衬裙和丝袜。从衣料上看，1937 年前，花布、条纹布和阴丹士林布风靡一时。

总的来看，20 世纪 30 年代装束趋于奢华。女性在穿着旗袍的时候，讲究蕾丝衬裙，宝石、珐琅佩饰。时髦女子胸花、别针、项链、耳环、戒指、手表、玲珑坤包一样不少，“令肤色隐隐”的长筒丝袜配上高跟皮鞋，更是将女性的优雅风姿发挥到极致。

中国女性流行烫发，也是 20 世纪 30 年代的事。曙山在 1933 年前著《女人截发考》，已经谈到烫发。不过，从大城市流行情况来看，烫发主要在 1933 年以后。当时，也有将头发染成红、黄、棕、褐等各种颜色以学西方的。那是一个精致的时代。

日新月异的当代着装

工农装是一场革新

1949 年，中华人民共和国成立。建国伊始，所谓的“资产阶级生活方式”遭到批判，也涉及服装和着装理念。在一些半殖民地色彩较浓的沿海城市，部分市民受西方着装习俗的影响，盛行西装革履、旗袍和高跟皮鞋；而大部分的城市依然有传统的长袍和中式裤。20 世纪 50 年代之后，虽然没有明文规定，但由于政治宣传的深入人心，无论是西式服装还是旗袍、长袍马褂，一律被视为旧时代的糟粕，遭到了工农群众的摒弃，人与人之间的礼仪举止也由鞠躬作揖改为握手、敬礼。城市里流行工人的着装样式——背带式工装裤，圆顶有前檐的工作帽，胶底布鞋，或是围裙、套袖、半高胶靴，领上再围一条白毛巾。农民的典型装束则是白羊肚毛巾裹头，头戴毡帽或草帽，有时也戴斗笠，中式对襟疙瘩袢儿短袄和肥裤，方口黑布面布底鞋。总之，重体力劳动者的服饰形象成了新风尚的代表。即使偶有改进，也不过是把劳动布上衣做成小敞领、贴口袋。城市妇女则在蓝、灰外衣里穿上各色花布棉袄。喜庆节日里，陕北大秧歌的大红色、嫩绿色绸带拦腰一系，两手各执一个绸带头，绸带随舞步飘动起来的形象，几乎在瞬间风行全国。

于是，中国人在着装方面出现了明显的整齐划一的趋势，一些典型服式的普及程度十分惊人，如“列宁服”与花布棉袄。20 世纪五六十年代，中国和苏联关系密切，中国也出现了男人戴鸭舌帽（苏联人的工作帽）、女人着“列宁服”的现象。所谓“列宁服”，是一种西服领、双排扣、斜纹布的上衣，有的加一条同色布腰带，双襟中下方均有一个暗斜口袋。其实，“列宁服”并不是苏联女性的服式，苏联等东欧女性多穿裙装，只因具有了工农革命的符号意味，也就成了显示民族新生的服式。穿上这种衣服，款式新颖又显得思想进步，于是成为当时政府机关女性工作人员的典型服式。

花布棉袄也是工农装的一个标志。它本来是中国女性最普遍的冬装，历史也很长了，但在 20 世纪 50 年代，花布棉袄的穿着方式则表现出意识变革的痕迹。用鲜艳（多为红色）的小花布做成的棉袄，原来主要是少女及幼女的冬服，成年妇女多以质料不同的绸缎面料做棉袄面，城乡贫穷人家妇女则用素色棉布。可是由于当时具有传统特色的绸缎面料被认为带有浓重的封建味道，所以职业女性和女学生就摒弃了缎面，而采用花布来做棉衣，以显示与工农的接近。

穿花布棉袄时，为了不失进步形象，又防止弄脏棉衣以至频繁拆洗，一般都外穿一件单层的罩衣。20 世纪 50 年代，尚未走出家门参加工作的女性被统称为“家庭妇女”，这些人似乎还没有强烈的“妇女解放”意识，罩衣也大多是对襟疙瘩袢儿，中老年妇女则依旧是大襟式。而绝大部分女性机关工作人员、女工人和女学生都用“列宁服”做罩衣。60 年代中期以后，随着中苏关系的恶化，女性不再穿“列宁服”，而改穿“迎宾眼”，这是一种翻领五扣上衣，与当时男人穿的中山服近似，只有领式和口袋上的变化。这种所谓的“迎宾服”，在 60 年代中期至 70 年代中期的十余年间非常普遍，此后才逐渐被淘汰，但在中老年妇女中一直穿用到 90 年代中后期。

无论样式如何变化，那些罩住花布棉袄的外套大多为蓝、灰两色，少数是褐、黑色，且绝无杂色拼接。女人天性爱美，长期穿灰暗衣服难免感到压抑，所以常将花棉袄有意无意做得比外罩长一点，这样就

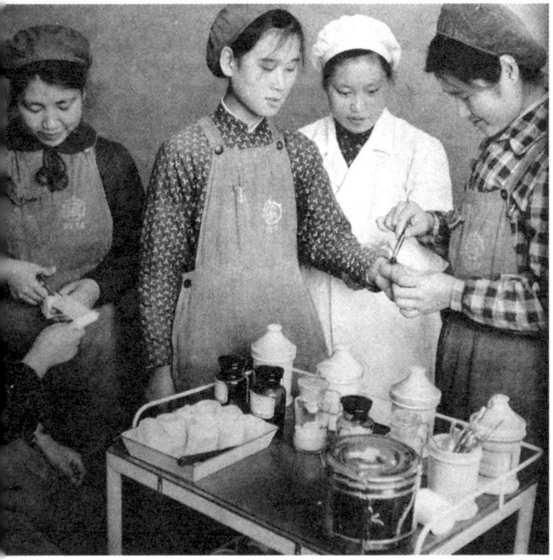

20 世纪 50 年代，背带式工装裤流行一时。

20 世纪五六十年代北方农民的典型装束

中山装与列宁服，是那个年代男女干部的标准服饰。

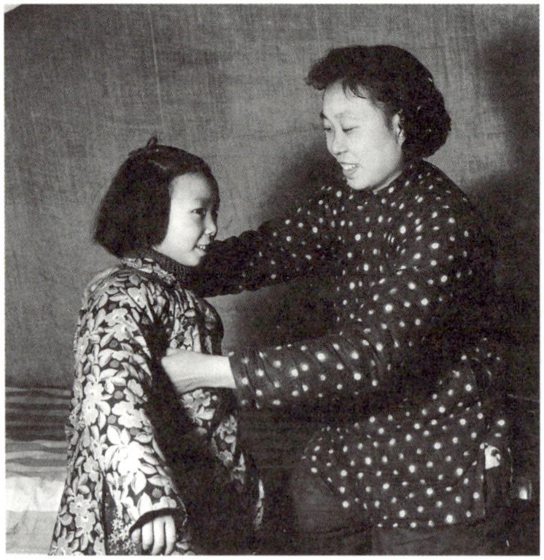

人们总是希望能在花布棉袄的朴素中穿出更多的美来。

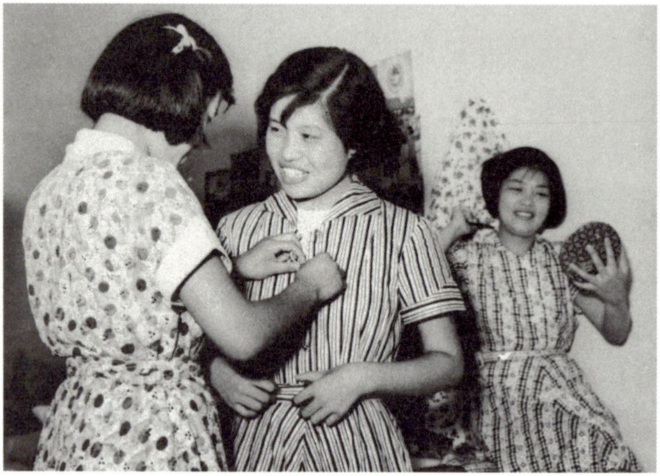

20 世纪 50 年代从苏联传入中国的服饰还有“布拉吉”（连衣裙），它的轻盈、活泼，为那个时代增添了一抹亮色。

使得立领、袖口，特别是衣服下摆处隐约露出鲜艳的花色。尽管这样容易弄脏棉袄的局部，可是很多人都热衷于此，成了一种时尚。

应该看到，这是一场非同寻常的服装革新，从性质上有些像法国大革命时的“长裤日”，都是以底层民众的原本被人看不起的服饰形象占据了历史舞台。尤其在中国，数千年都是长袍大袖或上衣下裳为正装，底层重体力劳动者的“短打扮”登不了大雅之堂。而这次，由于强调以工农联盟为主体的新民主主义政权，因而“短打扮”也随之登上了服饰界的最高位置。

服饰，即文化。

军便服曾人人皆穿

中国人多，什么服饰一旦流行开来，势头都十分惊人。谁能想到，在20世纪60年代，占世界总人口四分之一的中国人会以军服为民服呢?

中国人民解放军军服虽说属于西式军服范畴，但在具体形制上，却尽量避免欧美军服的影响，而偏向于苏联军服风格。20世纪50年代，陆军军官戴大壳帽、士兵戴船形帽，军服的领式、武装带系扎样式等都明显带有苏式军服的特征。海军则是较为标准的国际型，军官戴大壳帽，冬天着藏蓝色军服，夏天戴白帽，穿白上衣、蓝裤；士兵戴无檐大壳帽，帽后有两条黑色缎带，白上衣加蓝条的披领，裤子为蓝色，扎在上衣外，配褐色皮腰带。因为这种国际通行的水兵服非常好看，于是童装曾长时间模仿，制作时只是将大壳帽做成软顶无檐帽，帽子一周的“中国人民海军”字样改为“中国人民小海军”字样，并泛称“海军服”。而其他陆军、空军的军服，普通百姓并不穿用。

1965年全国人大常委会决定取消军衔制，相应的变化是军人着装不分官兵一律头戴圆顶有前檐的解放帽，帽前一枚金属质红五星，上身穿制服领、五个纽扣的上衣，领子两端缝缀犹如两面红旗的长方形红色领章，没有军衔标志，也不佩肩章或臂章。官兵在服装上的区别仅限于面料和口袋，正排级及以上的军官用毛绦料，前襟上下共四个口袋；副排级及以下用的是棉布料，只有两个上口袋。女军人无裙装，也不戴无檐帽，军装式样与男装非常接近。陆军为一身橄榄绿，空军为上绿下蓝，海军为一身灰。由此，三军的制服领上衣泛称“军便服”（当年无礼服可言），最典型的军绿色成为主导的服色。

1966—1976年“文化大革命”期间，人们认定解放军指战员是正派代表，因而穿着解放军军服成了最革命、最纯洁、最可信任的象征。先是军人子弟翻出父辈的军服，一身绿军装加褐色皮腰带的形象

① 1950 年中国人民解放军第一次在全军范围内统一了军服样式。图为身穿 50 式军服的陆海空三军战士。

② 身着 50 式军服的女战士

③ 穿着水兵服风格童装的孩子（1953 年摄）

④ 20 世纪 60 年代，绿军装、红袖章、绿挎包成了红卫兵必配的装备。

引领潮流。随后，全国的大学和中学陆续成立了“红卫兵”组织，小学成立了“红小兵”组织，工人、农民开始成立“赤卫队”，一时“全民皆兵”。找不到真正的军服，“红卫兵”就去买仿制的军服，通称军便服；没有帽徽和领章、肩章，用印着黄色“红卫兵”字样的红袖章表明身份。

新中国成立后的前十几年，交通警察冬装为蓝色大壳帽、蓝衣、蓝裤，值勤交警上衣臂部套白色的长及肩头的套袖；夏装为白色大壳帽、白衣、蓝裤。到“文化大革命”风起云涌之际，警察的制服也全面仿制军服——服色改为绿色，大壳帽改为圆顶布质解放帽，黑皮鞋则改为绿色胶布鞋。只是帽前依旧佩警徽，以区别于解放军的红五星军徽。

冬天的北京，穿着军大衣跳舞的青年男女。20 世纪七八十年代，穿军大衣一度又成为流行的时尚。（1985 年摄）

将全民着军便服推向又一个高潮的，是 3000 万城市青年的“上山下乡”运动。1964 年，第一批知识青年奔赴新疆开垦荒地，成立新疆生产建设兵团，他们被欢送踏上远去的列车时，都是一身军绿色服装，有军帽但无帽徽、领章。1968 年和 1969 年，大规模的知识青年“上山下乡”运动开始，他们奔赴农村或边远地区时，国家发的几乎全部是军绿色服装。

“全民皆兵”的另一个重要内容是民兵操练，“拉出去练一练”的模拟行军相当普及。因此，工人、知识分子和在校学生都以一身军装为荣，不穿军便服的穿蓝、灰色制服，但也戴绿军帽，背一个打成井字格的行军背包，再斜背一个军用书包和水壶，脚穿胶鞋。这种人人穿军装的时代，随着 20 世纪 70 年代末中国改革开放的到来才逐渐结束。

在20世纪70年代至80年代中后期，又出现过一段冬季流行穿军棉服的景象——不分阶层、不分男女、不分职务，每到冬季，很多人都穿一件军用棉大衣。这时穿军大衣已不再显示革命，纯粹是新潮。服装商为了迎合年轻买主心理，特意做一些小巧玲珑、有些掐腰的女用军大衣。这些年轻人的形象，用以前的话说，完全属于“玩儿闹”之列。军大衣原本具有的庄严肃穆风范，在他们身上荡然无存。着装者在军大衣里穿着紧身衣，头上戴着小花毛线帽，脖子上围一条长长的白色或大红色围巾（不分男女），在颈间绕一圈后，两个端头还能垂到膝盖以下。随着军大衣在摊贩车和售衣架上的增多，军大衣为更多的人所穿用。大凡电视台播放领导干部外出镜头时，不管是视察还是劳动，多数着深咖啡色长毛绒领的绿军大衣。一哄而起为风，习以为常是俗。一时间，医生穿，小贩也穿，学者穿着去研讨，农民穿着去种地。军大衣成了中国的国服，以致很多单位年节发放福利品时，都会发军大衣。这时的军大衣成了年轻、奋进、精力充沛且又为民众一员的代表。这股“新潮”军服热刮了近十年，直到20世纪90年代初期，皮衣、羽绒服等大量上市，军大衣才逐渐被人淡忘了。

率先进入中国的喇叭裤与蛤蟆镜

20 世纪 80 年代初，中国对世界敞开了大门。这时，恰恰遇上西方流行喇叭裤的尾声。于是，喇叭裤犹如一股旋风，迅疾吹进中国大地，而且以飞快的速度传遍神州。

这是一种从水手裤裤型发展而来的阔腿裤。因为水手在甲板上工作时间长，海水容易溅上来，冲洗甲板时的水也容易流进靴筒。水手们想了一个改变裤脚形状的办法，让宽大的裤脚罩住靴筒，免除了水花溅入靴筒里的顾虑。还有一种说法是，喇叭裤由于裤脚肥大，还可以在人落水后增加浮力，从而为求生争得时间。

水手裤被服装设计师发现，将它搬上了 T 型台。实际上，中国南方沿海区域的京族人，男女都穿这种肥肥大大的阔脚裤。只不过渔民的肥裤质料较稀疏，而轮船或舰艇上的水手裤，质地厚密，用牛仔布就显得很时尚的样子。

喇叭裤最初在中国大街上被人穿着而且神采飞扬地招摇过市时，引起了当时很多中国人的恐慌，认为这是奇装异服。其实，那时穿着喇叭裤时，上衣还很拘谨，只是一般的衬衣或夹克。既使那样，人们还是感觉上衣似乎比先前瘦了一些，好像也短了一些，下身的裤子膝之上也呈紧瘦状，这简直不像样子。对于当年相对保守的中国人来说，喇叭裤样式太怪。

也有人在报上撰文，说喇叭裤源于中国魏晋，那时的男人就穿喇叭裤，并配上魏晋砖印壁画照片，以借助形象来为论据增加砝码。其实，那是由裤褶装而衍生的缚裤，膝下以丝带系扎，膝以上也肥大。喇叭裤却是上部紧瘦，下部呈喇叭状。

不要小看喇叭裤对中国服饰文化的冲击。它不但使中国人开始采用 A 字服装廓形，而且将中国人的身高标准提高了 10 厘米。年轻人开始崇尚西方人的体形，招聘、找对象，对男女方的身高要求分别从原来 20 世纪五六十年代的 1.65 米和 1.55 米提高到 1.75 米和 1.65 米，甚至有的男性情愿找比自己高的女性为配偶。

喇叭裤在中国引进西方服饰上可谓起到了开先河的作用。但它在中国流行的时间没有几年，取而代之的依次是筒裤、萝卜裤、老板裤等。时至 20 世纪 90 年代末，喇叭裤卷土重来。这次当然又是全球性的。这时的中国人早已见怪不怪了。长了短，短了长，一阵儿上边肥，一阵儿下边肥。人们不但司空见惯，而且一种款式流行长了，还期待着换个新样儿呢！中国人的着装观念挣脱束缚后，自由飞翔了。

改革开放伊始，随着喇叭裤涌入神州大地的，还有太阳镜。70 年代末 80 年代初，太阳镜首先从港

身穿喇叭裤跳迪斯科的青年（1981 年摄）

澳传进内地时，恰值时兴大形的，因其形似青蛙的两只眼，而被人们戏称为“蛤蟆镜”。还有的两个镜片呈两个外围向下倾斜的趋势，被戏称为“熊猫镜”。有人觉得新鲜，舍不得撕去镜片上的圆形商标（以示真正进口货），就那样戴着招摇过市。

随着对外交流的日益发展，太阳镜市场一片繁荣。各种品牌推出一系列造型和特色的太阳镜、变色镜，为眼镜打开了广阔的前景。人们也把太阳镜作为时装的一部分，一会儿别在T恤衫的圆领口上，一会儿拴个细金属链挂在脖子上。太阳镜纯属一种装饰了。

90年代中后期，眼镜突然发生两个特殊变化，当然信息源于巴黎时装舞台。先是镜片由大变小，由圆形变成横椭圆形；继而镜片的颜色由原太阳镜的赭石色而变成蓝黑色或煤烟色，好像是被烟火熏烤过的一样。小椭圆形使人们想到30年代的小圆形眼镜。人们曾经将圆形眼镜归为陈旧过时，看那时人戴

1980年，北京，公园里的时尚女青年。

今天，太阳镜依然是街头的一道风景。

眼镜的形象甚至忍俊不禁。谁想 60 多年以后，时装流行的规律又将圆眼镜架到现代人的鼻梁上。只不过这一次不是滚圆的，这一点有些差异。

还有一点关于眼镜的变化，就是这些小眼镜被顶在头上，被美称为“小飞机”。别人看着，真有些像是当年飞行员走下飞机后，将眼镜顶在帽前的样子。

21 世纪初，眼镜的横椭圆又变成了两头尖的横橄榄形。姑娘们依然把它顶在头前，说不尽的惬意，戴不尽的时髦。

牛仔装席卷全中国

牛仔装是世界时装界的一个神话，它的时装寿命那么长，流行百年而不衰。而且其穿着者上至总统，下至学童。

牛仔装源于美国西部，带着野气，带着剽悍。它能够进入具有悠久儒雅之风的中国，而且迅疾流行开来，真是人们始料不及的。

中国人最先看到牛仔装时，只有下装——牛仔裤，时间是在 20 世纪 80 年代改革开放之初。乍一看到那种粗纹织物的质地，那种蓝中泛白的颜色，有点儿年纪的人都叫它“劳动布”。蓝劳动布的瘦腿裤曾在 50 年代初流行过（蓝瘦腿裤，黄舌头皮鞋，鹅黄袜套，是青年男女大学生的服装）。劳动布面料质地较之牛仔布细一些也薄一些。颜色虽然近似，但劳动布的蓝中泛白是均匀的，中国人谓之“褪色”，不像牛仔布这样不规则。到 60 年代，劳动布做成的服装都是工装式，小翻领，三个贴口袋，工程师、工人都喜欢穿；有人还舍不得劳动时穿用，就拿它做“逛服”，又显得很朴素。很多中国人最初看小青年们穿牛仔裤，总觉得有点儿不规矩，一副玩世不恭的样子，因此对牛仔裤表现出轻视的态度。

“前卫”的青年们用这样的牛仔裤来表达自己的某种态度或情绪。

① 北京王府井街头，一条长达十余米的巨型牛仔裤吸引了过往行人。

② 21 世纪初 T 台上的牛仔装

③ 牛仔装的设计不断与各种流行元素结合，带给人们不同的穿着体验。

80 年代初期，美国电影《欲望号街车》被引进中国，由于詹姆斯·狄恩和马龙·白兰度的出色表演，使得他们穿牛仔裤的形象震撼了中国的青年人。牛仔裤蔓延的趋势已经势不可挡。这种影响过程和力度颇有些像 40 年代末至 50 年代牛仔裤轰动美国的情形。

一时间，牛仔裤的故事在中国广为流传，不久，连老年人都知道它来自美国西部。年轻人更能神乎其神地说出它的由来：那是在 1850 年，美国的巴伐利亚移民李·维斯特劳斯在淘金热中用帐篷布制成工装裤，卖给西部淘金工人。当初只是因为其布料坚固、式样合体而受到劳动者的欢迎。1874 年，牛仔裤的口袋角上被钉上金属铆钉，从实用功能来讲，无疑是较前更为坚固耐穿了。很快，它受到美国西部牧牛、猎牛、贩牛人的喜爱，因而被下层老百姓戏称为“牛仔裤”。牛仔裤在 20 世纪 50 年代初的美国也常遭贬斥。比如有一家保险公司即以“无业游民之服”的罪名公开禁止雇员穿牛仔裤。但是，年轻人似乎是以一种逆反心理来向社会正统势力挑战。于是《欲望号街车》中男主角以牛仔裤形象使现实社会中的青年人感受到共鸣。1957 年，美国牛仔裤最大的制造商李·维斯特劳斯公司作了一个不完全的统计，发现全美国牛仔裤销量达到 1.5 亿条，也就等于说，整个美国几乎人手一条。20 年后，即 70 年代时，牛仔裤已风靡世界。

中国在20世纪70年代末对世界开放时，正值全球呈现牛仔裤化，无论是喇叭式，还是筒式，甚或紧裹腿部的牛筋裤等，都正在世界上形成高潮。对牛仔裤持保守态度的很多中国人，先是鄙视，继而喜爱，紧接着自己买一条穿上，再以后便是谁不穿上一条牛仔裤，即被认为是太迂腐了。

再看大学校园中，原来学生们追捧的牛仔裤也同样穿在了教授、专家的身上。绘画、音乐、电影、新闻等文化界的人士更是竞相穿起牛仔裤。人们早忘记了它出身的卑贱，只觉得其身上洋溢着一股现代的气息，富有一种挑战、冒险、勇于向前的现代精神。而中老年人穿上，无疑会显得年轻、有朝气。

90年代以后，时装风起云涌，瞬息万变，可是牛仔装始终卓然独立。不仅牛仔裤依然作为青年人最普通的下装，而且出现了牛仔夹克、牛仔坎肩、牛仔短裙以及牛仔包等。牛仔布也有厚有薄；除了靛蓝以外，还有暗红、暗紫和墨绿等颜色。

相比之下，那种石磨水洗、被中国人称为“自来旧”的牛仔裤还算是最普通的。总想出点儿新样的年轻人根本不满足这种衣装。受西方“朋克”思潮和着装影响，中国的“前卫”青年也模仿西方青年的做法，用烟头烧，用剪子剪，把衣服下摆或裤脚撕成破边儿或穗儿，人为地造成一种破旧不堪的效果，比在肩部或肘部故意打上几块艺术性补丁的“乞丐服”更显出几分颓废、与世俗不合流的意味。当时一幅漫画上有一个戴着牛仔布帽，身穿牛仔夹克和牛仔裤的女青年，裤上好几处破洞，有位老人看到说：“可怜的孩子！”随即拿出20元钱让她去买一条新裤子换上，谁料招来白眼，挨了一句骂：“老土！”

牛仔装至今已经在中国流行了30余年，魅力依然不减，它尽管一副不修边幅的样儿，却总是显露着开拓进取和富于挑战性的俏皮。牛仔装给改革开放后的中国注入了一股强劲的服饰风潮，同时，它又以一种特殊的方式，松动了中国人思想观念中的枷锁和羁绊。如今，时装流行早已多元，但牛仔装仍然被人们所喜爱。

久久不散的波希米亚风

刚刚进入 21 世纪的门槛，中国人被服饰乃至生活方式的时尚诱惑着，正处于亢奋之中。这时，一股好似游牧民族实为游荡民族的服饰风潮涌进中国。中老年人认为这种着装形象有些像吉普赛女郎，但年轻人一口认定是波希米亚。

这种风格以什么样式来表现呢？皮包和服装上的皮条流苏、上衣的皱褶袖口、很长的方格或横条裙子、斜挎腰带、大背包、小皮靴等，一时被炒得火热。众青年急匆匆换上时髦服式，惟恐落后。于是，波希米亚被一遍遍提起，年轻人认为这种流行风格从波希米亚发源。那么，波希米亚在哪里？

按地区解释，波希米亚是捷克地区名，原是日耳曼语对于捷克地区的称谓。狭义的是指今天南北摩拉维亚州以外的捷克。世界上的游荡民族吉普赛人源起于印度北部，但长时期聚居在波希米亚。东欧和意大利习惯称其民族为茨冈人，法国人称其为波希米亚人，后来都按照英国人的习惯称其为吉普赛人了。无论是吉普赛还是波希米亚，基本上成了流浪民族的同义语。

当然，如今所谓的波希米亚，已不能再用地区或民族的具体名称来解释。表现在服饰上的则主要是一种流浪民族的服饰风格。我们更可以将其看成是现代青年（特别是发达国家青年）继 20 世纪 60 年代嬉皮士、80 年代朋克之后又一次对传统同时对现代社会反叛意识的表现形式。

生活在 20 世纪后期的年轻人，当他们感到衣食无忧时，就开始对物质生活厌倦了。他们开始寻找一种新奇的，或是完全打破当今生活法则的精神法宝，于是，屡屡追求怪诞的、远离现实生活的事物或形象。从服饰文化角度说，是人们被新鲜感所驱使的好奇心总也满足不了，城市的规范与喧嚣又极易使

① 绚丽的色彩和印花，诠释着波希米亚风情的热烈、奔放。

② 长长短短的流苏，被视为波希米亚风的标志之一。

③ 盛夏街头的波希米亚长裙

人们去寻找游荡的自由和昔日的宁静。因此，这些原本被贵族歧视的典型服饰却引起了反叛一代的浓厚兴趣。

古代中国人讲究“父母在，不远游”，不喜欢游荡。除了要赴京考取功名以外，最好是老老实实在家守着长辈过日子。但是，21 世纪初的中国青年人越来越远离传统儒家观念，更热衷于挣脱灵魂上的桎梏。因此，中国年轻人也和世界很多国家的年轻人一样，同步追赶着世界性的时髦。

2000 年开始，人们疯狂地爱上了满是层层皱褶的横条长裙，别管布料优劣，都千方百计去营造一种无拘无束的感觉。姑娘们走起来，裙子会因步伐和风掀起一个边角，于是多了许多动感。各种形式各种质料的流苏遍布全身，皮条是主流，但布条也无不可，皮包的拉链头儿、皮包下角，甚至皮包背带，到处都是一排排或一串串的条状物，确实带有明显的游荡风，总之是与城市的秩序和状貌相对的。

T 台上的波希米亚风

原以为，时装潮流过去以后会有一阵陈旧感，却未想，波希米亚风十年间数度流行，一次比一次来得繁复。衣裙上的布料一块块的，色彩不同，质地不同，而且不是熨帖地形成一个平面，而是缝缀着，纠结着，呈立体感，或者索性可以说，整体支离破碎，完全没有完整的廓形。斜挎的腰带一阵儿流行宽，宽 10 厘米之多，上面还镂空不少图案，再钉上一些金属饰件，轻轻的，有些“张牙舞爪”。这还嫌不够，皮带两头穿上一条至三条金属链，既增加了层次，又增添了剽悍。小皮靴也是镂空了密密麻麻的花纹，再缀上金属链或钉上金属铆钉。或许是女青年们觉得以往柔弱的女装无法宣泄当代女性心中的情感，因此竭力在服饰上去寻求一种狂野，一种无拘无束……

21 世纪第二个十年，中国的“90 后”们已彻底摆脱了传统的桎梏，加之衣食无忧，社会宽容度大，尤其是信息通道的迅捷和多样化，所以更倾向于蓝天白云，倾向于放飞自己。这时候，最容易实现的便是在服装上去追寻理想，不是虚拟，也不是现实，波希米亚的游荡之风恰好能满足年轻人们的心愿。

“反常规”着装时兴一时

中国人着装传统就是“中规中矩”，不喜欢标新立异。因此在历史上凡有男着女装的人，都被称为“服妖”。但从 20 世纪后期开始，情况彻底发生了变化。

以往的合体毛衣到了 80 年代中期时，突然变得窄瘦起来。几乎在一夜之间，人们发现自己衣柜里的毛衣都小了，这一突如其来的变化均源于蝙蝠衫的飘然而至。

1986 年的北京，一群衣着前卫的姑娘和一旁默默注视的老人。

1992 年的海口，宽松的上衣，夸张的肩部，是当时流行的式样。

人们有以其他动植物乃至器物名称来称呼服饰的习惯。早些时候的虎头帽、兔帽、老虎鞋、猪鞋、猫鞋等是在制作时选用了动物形；古代的仙桃巾、当代的萝卜裤则是因形似某些植物而得名；至于船儿帽、火箭鞋、榔头鞋是形似器物；而松糕鞋是因为厚度、质地感觉好似西式糕点。

那一年的毛衣，是从毛衣下摆处向上呈扇形，两侧外廓线直达袖口，这样的结果，酷似蝙蝠翅膀。女人们总是聪慧的，不仅商场里推出蝙蝠式毛衣，手织的毛衣也纷纷向蝙蝠靠拢。一时间，原先的毛衣式样被挤到服饰的最末端，人们趋新的心理得到了淋漓酣畅的抒散。

从 1990 年开始，人们的上衣日见宽松，不过这时已不同于蝙蝠式，不再是放宽衣服的裉部，而是夸张肩部，以致个子矮的人穿上一件宽肩夹克，俨然成了一个方块儿。这就叫宽松式。不论针织衣还是呢料外衣，那宽宽的带有垫肩而下面呈垂直向下效果的衣服，为人体提供了更多的空间。这种呈 H 形的廓形与 Y 形并存，后者则突出为上穿宽松式坎肩。最宽时，毛坎肩已经成了短袖毛衣。

由于所有的衣服都肥大，人们感到大毛衣外无须再罩外衣。当大毛衣超过臀部快 20 厘米时，人们出门时找不见与之相配的外衣怎么办呢？年轻人没有这么多框框，随手拿起件小夹克套在大毛衣外，夹克下摆处就那样露着一大截子毛衣。中老年人看不惯，说：“怎么这么衣冠不整就去上班？”谁知年轻姑娘头一扬，满不在乎地说：“这叫‘反常规’。”

也许新的时代就宽容新的思维。青年人不但不以此为谬误，反而以此为时髦。新闻媒体大标题“今年着装一大怪，短裤穿在长裤外”，“里长外短，街头新景”。人们刚刚见怪不怪，就发现商家争先恐后地推出全套“反常规”服装。背心套在文化衫外，也成了新款。从领口到下摆，从肩头到袖口，都是里长外短，呈现出递进的层次。

这一下可好了，以往的着装规律全被打乱了。多少年总结出的上衣瘦小时下装必要肥大（喇叭裤、裙裤、长裙）；上衣丰阔，下装要短窄（瘦形裤、短裙）的模式不再被认为是理所当然。人们穿一身悬垂感好的长衣长裙，长衣长至膝下，长裙拖到脚面，竟也飘洒自如，风姿绰约。小姑娘小袄不大点儿，下装不是短裤就是短裙，一身倒也利落得好看。几种“反常规”的着装一下子由怪诞到新潮，再到喜人，使人们充分感受到服饰新思潮的新鲜气儿。

中国人的服饰思维终于冲出千年束缚，大胆地展开想象的翅膀了。

从“反常规”着装兴起以后，人们不再提这个出现在时装流行中的特有词汇了。不是没有反常规的，而是人们想怎么穿就怎么穿。考虑传统观念的少了，紧跟着世界潮流的多了。

破除常规、张扬个性的服饰，体现了这个时代的风貌。

总起来看可以这样说，20世纪80年代中期以后，时装的款式越来越多，流行周期越来越短，衣服款式、面料不断推陈出新，中国已与世界时装潮流同步而行了。中国人的日常着装有各种T恤衫、拼色夹克、花格衬衣、针织衫，而穿西装扎领带已开始成为郑重场合的约定着装，且为大多数白领阶层所接受。下装前所未有的丰富，如直筒裤、弹力裤、萝卜裤、裙裤、七分裤、裤裙、百褶裙、八片裙、西服裙、旗袍裙、太阳裙等，60年代在西方诞生的“迷你裙”再度风行一时，这一次由于中国敞开大门，年轻人也已经解放思想，因而也跟着流行了一段。

20世纪90年代，巴黎时装中出现了身穿太阳裙、脚登纱制长筒黑凉鞋的形象。太阳裙过去只在海滩上穿，上半部瘦小，肩上只有两条细带；而作为时装出现时，裙身肥大而且长及脚踝。一开始中国女青年不敢直接穿吊带衫，还在里面穿一件白色T恤，经过几年才习惯。几乎与此同时，全球时装趋势先是流行缩手装，即将衣袖加长，盖过手背；后又兴起露腰装乃至露脐装，上衣短小，腰间露出一截肌肤。在中国流行时，款式远没有东邻的日本开放大胆，日本流行露脐装甚至引发了“美脐热”。而由露腰露脐引发的透明装（如质料薄的夏装）倒是在中国较为广泛地流行开来。还有一种微妙的趋势：将以往袒露的手、小腿等部位遮起来，将原来遮挡的如腰、脐等部位露出来。凉鞋发展为无后帮，且光脚穿，脚趾甲上涂色或粘彩花胶片，戴趾环。甚至连提包也采用全透明式，手表将机械机芯完全显露出来，以此张扬出现代人的开放思想。

超短裙至今依然流行，即便在寒冷的冬日，街头也有它的身影。

端庄大方的职业装更受白领阶层的青睐。

在世纪之交的几年间，中国的时装潮流顺应国际趋势，着装风格趋向严谨，特别是白领阶层女性格外注重职业女性风采，力求庄重大方。一些过于张扬的服装在一些阶层、一些场合有所收敛，尽管超短裙依然流行，但为了在着装上尽力去表现女性的优雅仪态，很多年轻姑娘穿上了长及足踝的长裙。

与之相映成趣的是，一些时尚青年崇尚西方社会中的反传统意识，故意以荒诞装饰为时髦，如仿效美国电影《最后的莫西干人》中的发型，两侧剃光，仅留中间一溜儿，染成彩色；穿"朋克装"——西方社会继嬉皮士以后，又一颓废派青年装，用发胶粘发成兽角状，黑皮夹克绣饰骷髅等；或将衣裤故意撕或烧出洞。于是，在衣服上开一个艺术化的"天窗"的做法，在 1998 年春夏之交时风行开来。这种孔可随意在衣服的任何一个部位挖，孔的边缘处理得非常精致。由于它不同于以半透明质料制成的透明装，因而被大家俗称为"透视装"。进而，整件衣服布满均匀网眼的服装出现了，这与巴黎时装舞台上的"渔网装"显然是同步的。当无"常规"可言时，也就无所谓"反常规"了。

袒装颠覆儒家思想

超短裙在欧美国家兴起是20世纪60年代的事，被中国姑娘大胆地穿着起来时，已届80年代中期。即使20年后重新流行，但因为是在中国，儒家礼教思想统治长达2000年之久，妇女笑不露齿，立不倚门，“出门必拥蔽其身”的妇德规范在人们意识中根深蒂固，超短裙的出现还是着实让中老年人触目惊心了一把！加上英文mini音译到中国时，恰恰是“迷你”两字的读音，简直如同捅了马蜂窝。尚有封建思想的中国人长期信奉“冶容诲淫”的儒家教条，于是更对“迷你裙”避之如洪水猛兽。

时光如白驹过隙，至90年代末，很多中国女孩儿已经分不清内衣和外衣的概念了。即使是穿在最内的内衣样儿衣服，也可以穿着它堂而皇之地招摇过市。由于露脐装盛行，上衣肩部又只是两条窄窄的吊带，因而看上去就像是仅穿着一件小小的胸衣，而且后背也裸露着。影星更是以着内衣留下玉照为靓。不少影星拍摄照片时喜欢穿着中国式的兜肚，甚至于像过去岁月中的农村小孩儿似的，用一块巴掌大见方的布头，一角折下，两边穿绳，往胸前一挂便成了特小的中国式的兜肚了。由于“简”得不能再“减”了，反倒显得很时髦，很前卫。连中国影星在柏林电影节上领奖时上身都只穿着一个大红绣花兜肚，另加上一条红色的披帛（飘带），人们日常装还有什么不可能的呢？

中国人的着装意识在改革开放后发生了翻天覆地的变化。过去不但穿衣服要严格考虑内外有别，即使晾晒衣服时女性内衣也不能放在明处。不仅不能让外人看见，还尽量避免让自己家的男性亲属见到。要知道，按照儒家的教导，男女衣服不仅不能通穿，还不能晒在同一根晾衣杆上，收起来时更不许放在同一个衣箱内。就此说来，穿着件形同内衣的衣服就走上公众场合，完全是不可思议的。

几千年来中国人唯恐内衣在人前显露，因此有许多着装上的规矩，比如儒家经典著作《礼记》中说：

传统的内衣兜肚如今直接出现在大街小巷。

时装T台上，具有浓郁东方韵味的兜肚。

"冠毋免，劳毋袒，暑毋褰裳"，"衣毋拨，足毋蹶"，还有"不涉不撅"等等，这些都是规定即使劳动，即使暑热，也不能随便解开衣裳，不涉水绝不能提起衣裳……中国古人为什么跽坐（先跪下后坐在自己腿上），而反对将两只脚平伸出去的"箕坐"？主要是为了收敛自身。直襟衣服为什么曾经不能穿着会客？主要是怕露出内衣或肌肤。

不仅中国的传统是这样，西方国家在数千年历史中，虽说晚礼服露肩露背，可是衬裙也曾被规定不能从裙中露出。贵夫人上台阶手提裙子高了些，露出鞋来，都是没教养的表现。

谁想，进入20世纪以来，工业文明的飞跃发展和社会宽容度的增大，使女性获得了较大的自由。先是解放女性胸部的"健康胸衣"，紧跟着是克里斯丁·迪奥的"新外观"风格，60年代玛丽·匡特设计的超短裙在美国受到了欢迎。90 年代，人们已彻底摒弃了传统观念对着装的束缚，在追求一种无拘无束的舒适感的同时，也在有意无意地推崇性感。从此，内衣外观化和“无内衣”现象愈演愈烈。

在中国历史长河中，只有唐代，尤其盛唐期间，出现过女性袒领式服装，还有上身直披透明纱罗衫的例子。唐代是个思想相对开放的朝代，前面虽曾有“罢黜百家，独尊儒术”的汉代，但紧跟着就是文人士大夫力求摆脱儒家思想束缚，敢于“箕坐”，敢于“乱项科头”，敢于“裸身而饮”的魏晋南北朝。唐代推崇佛教和道教，不太重视儒家的道德规范。不过唐之后的宋明两代，重新拾起儒家思想，并且在禁欲方面有过之而无不及，史称“道学”或“理学”。这一来又是千年，到 20 世纪末 21 世纪初时，敢穿袒露式衣服，已然又是一次大胆冲破藩篱的举动了。

世纪之交时，有媒体炒得很热的两股台风厄尔尼诺和拉尼娜，据说这是破坏气候条件的罪孽两兄妹。科学家说，20 世纪末的海洋温度上升了好几度，至于温室效应一词，人们更是听得耳熟了。夏日炎热，这就为女性着装透露短小提供了绝好的理由。于是，不光西方国家，就连日本女性的服饰也是越来越少地遮覆肌肤。中国南方城市的靓女们当然不甘落后，这回与以往不同的是，北方城市街头也屡见“泳装”姑娘。

人们感觉是泳装，主要因为这种时装款式极似女性游泳衣：肩上只有两条细带，有的后背也

各式各样的吊带背心、吊带裙，为夏日带来一抹清凉。

与女性相反，男性着装愈益严谨。

裸露着。不同的是，游泳衣下截多是三角形，而能够出入任何场合的短衣下摆则是一字形，其长度也就仅在大腿根。衣服面料随意，颜色比游泳衣素雅些，区别也就仅此而已。因为还有人将腰部的衣料选用半透明或大网眼的，远远看去与两件套泳装几乎无异。只有所挎的各式小坤包，再加一双笨笨的厚底松糕鞋，才明确告诉人们，这一身不是泳装。

与女性相反，男士们着装则愈益“规矩”。日本服饰的男“捂”女“露”风，使日本男士们无论怎样汗流浃背，西装也是笔挺，领带结打得紧紧的。这种情形在中国也越来越常见。不管女装还是男装，这时都不是在遵循儒家规范。即使男装严谨，也是在寻求国际着装规范，女装则是彻底地颠覆了儒家传统观念。

奇妙的中国鞋与多元足服

中国鞋是很有特色的，由于幅员辽阔，地质情况和物产种类丰富多样，因而牵涉足服必然有不同的款式与质材，加之有专门的服饰制度，礼仪用足服也是关乎政治活动的一部分，因而形成许多中国独有的足服形式。

满族女性的传统旗鞋

新疆阿斯塔那唐墓出土绢画，画中可见女子露出裙外的高头履。

足服包括鞋、袜、裹脚布等，仅鞋一类就有很多讲究。如从质料上分，有一种是用麻布一类织物做成的鞋，最早实物出土于湖北宜昌的一座楚墓中。还有丝履，早期用丝做鞋上的装饰，汉以后以丝绸做成整双的鞋已经非常普遍了。长沙马王堆一号汉墓墓主人**轪**侯之妻脚上穿的一双丝履，履面以青丝制成，呈橄榄绿色，履底用麻线编织，呈深褐色，衬里也由绛紫色丝做成。

锦鞋是用锦缎缝制而成的，晋、唐墓中都有实物出土。最精致的一双发现于新疆阿斯塔那墓区东晋墓，通体是通经断纬的缂丝织法，鞋前端织有对兽纹样，上列红、蓝、黄三色线织成的“富且昌，宜侯王，天（夫）延命长”汉字。围绕着文字，又有红、黄、蓝、绿等八种颜色织成的菱形小花和云纹。

草葛履是以蒲草、葛藤皮为主要原料，经过搓碾编织而成的鞋。其中葛履为春夏季节所穿用。草鞋叫做芒**屩**，贫者常服，富者出门也服。蒲鞋是以蒲心、蒲叶编成的，穿起来很觉凉爽。这一类实物在唐墓中曾出土。

皮革履，有的是用生皮做成，有的是用熟皮。后来由北方游牧民族高**勒**皮履带动中原人穿着，多称为靴子。

木屐，是用木料刻制而成的，上面以葛藤皮或丝织物做带，木板下有前后两木齿。

从造型上分，区别多在鞋头上，如在河南密县打虎亭汉墓壁画上就有圆头鞋形象，前述织锦带汉字的东晋鞋也是圆头。南朝时有一种说法是女鞋圆头，男鞋方头，甚至认为这是为了使女性顺从。实际上，自

为孩子准备一双虎头鞋，以此寄托美好的希望，是中国很多地方的传统。

汉代时妇女就有穿方头鞋的。

歧头鞋，是指鞋头分梢，形成两角。汉墓中不仅有实物出土，而且帛画上所画妇女也穿这种歧头鞋。

高头鞋，无论头部大小，都能够说是最具中国装饰特色的鞋式。鞋头高翘，可以使长袍或裙下摆都拥在鞋头后面，也就是说，衣服多长，都不会影响穿着者迈步走路。这一点显然比西欧的尖头鞋创意要高明。西欧曾流行的鞋尖是软皮质又向前伸，所以每迈出一步都要做出向前一踢的动作，遇到雨天泥泞路滑，简直无法走路。后来有人想出办法，用链子将鞋尖折回来吊在鞋帮或衣服的膝盖处才算解决了问题。中国人不仅将鞋头立起来，而且还做成各种形状，像大臣上朝时拿着的笏板的叫笏头鞋；由前向后宛如卷云的叫云头鞋；做成凤首、虎头的叫凤首鞋和虎头鞋。

除了鞋头不同分出种类以外，造型变化还表现在鞋跟上。

以木屐来说，一般的鞋底前后有两个齿。有的齿较高，从现存绘画资料上看，有高达近 10 厘米者，南北朝时曾一度成为时髦青年的典型鞋式。同时还有一种连齿的，是用整块木头一起刻出来的，江西南昌东吴墓发现的连齿屐，齿底部还钉有铁钉。再一种屐下两齿是可以拆下来的，可由分别拆前齿或后齿来保持人在登山或下山时的身体平衡。传说这种屐是南朝著名的诗人谢灵运（385—433）发明的，因而被称做“谢公屐”。

弓鞋是一种弯底的鞋。因为鞋子底板从侧面看形似弓形，即前低，中间凹，后跟高。弓鞋是为了适应女子缠足后穿的，所以一般都很小。江西南城明墓出土的黄色回纹锦加彩绣弓鞋，底长 13.5 厘米，头部很尖。有研究者认为，女子缠足习俗兴起于北宋，从那时至 20 世纪 30 年代的八九百年间，中原中上层人家的女子都要缠足，因此都穿款式大同小异的弓鞋。

旗鞋是指满族女性穿的鞋，由于满女不缠足，谓之“天足”，鞋自然不小，最有特色的是鞋跟很高且在鞋底中间。鞋跟用木料做成，外罩白绫或涂上白粉。贵族妇女的鞋面多用绸缎加彩绣，更讲究的还要在鞋面和鞋底四周镶嵌上宝石。这种常被称为花盆底鞋或马蹄底鞋。由于穿这种鞋跟高达 17 厘米的鞋好似踩高跷，所以必须在走路时两手前后微微摆动，以保持平衡。因此，年龄大些的妇女便不再穿这种高跟鞋了，她们穿的鞋跟高度在三四厘米左右。

从整体造型看，还有一种靸鞋，形同今日拖鞋，即鞋后部无鞋帮。在成都曾家包汉墓画像砖上就有穿这种鞋的舞人。时至 20 世纪 90 年代末，中国女青年又兴起穿这种鞋，它造型上与拖鞋相近，从分类上应归为可出入社交场合的正式鞋子。

从专门用途上来区分，舄是最尊贵的鞋，因为属于皇帝、皇后礼服。最严格时如周代只用于朝觐和祭祀，而且还有颜色的规定，皇帝在最隆重的场合穿赤舄（红鞋），而皇后则穿元舄（黑鞋）。它通常有一个木制的复底，所以不怕地上泥湿。而屦相当于便鞋，官员平常家居时穿屦，非常轻便，适合走路。屐不能在正式场合穿，即使穿着拜访亲友，也会被认为仪容散漫。妇女还有一种睡鞋，专门在睡觉时穿，是用软质织物做成的。

20 世纪初，中上层人士开始穿自西方舶来的各式皮鞋，而民间则多为手缝的布鞋。直至 50 年代末，纳鞋底和自己绱鞋基本上还是家家妇女都必须做的手工活。每当阳光灿烂时，很多人家的门口都会立着木板，木板上一层一层粘着主妇们做衣服剩下的或是旧衣服上撕下来的还算结实的布头。用白面加水在火上熬好糨糊，将这些碎布粘成“厚布”叫“打夹子”。干了以后揭下来，比着鞋帮和鞋底的样子剪。不是棉鞋的，鞋帮不用絮棉花，用一两层再粘上一层鞋面即可。鞋底则要好几层，每一层夹子都要粘上白布边，最下的一层要满满地贴一块整白布并包过来。这时就可以把几层叠起来纳鞋底了。粗线、大针，还要先用锥子扎一个眼儿，一针一针，这就是传承下来的手工艺。人们评价一个女子巧不巧，全看她的针脚匀不匀，好看不好看。然后是将鞋帮和鞋底缝起来，叫“绱鞋”。别小看了这种工艺，这里面凝聚

如今几乎已经没有人亲手缝制布鞋了，但很多人仍然喜爱布鞋的轻便、舒服。

人们脚上的鞋，和身上的服装一样，永远在不停地求新。

着中国传统女性的勤劳与聪慧。

20 世纪 70 年代末改革开放以后，中国人穿的鞋基本上是国际化的了。旅游鞋，先是青年人觉得时髦穿，后来老年人觉得舒适穿，儿童也穿。与此同时塑料鞋款式、颜色越来越多。

90 年代初，女鞋流行尖头、细跟，后逐渐方，不仅鞋头呈方形，鞋跟也是方方正正的。到 1997 年时，方而厚的松糕鞋兴起。21 世纪初，忽然又兴起一股与松糕鞋完全对立的鞋型，特尖特长，极似影星卓别林在电影中所穿的经典鞋式，但松糕鞋并没有马上落伍，而是在一个更长的时间段里逐步消失。

这以后，人们注意到鞋的流行多元化了，不再像以前那样，方头鞋一流行，尖头鞋就陈旧了。21 世纪的第一个十年中，鞋头由尖—方—铲形—方圆—圆—尖圆—尖，一点点变化。时尚趋势是有的，可是并存的现象也是现实。松糕鞋和尖头、圆头的鞋轮番袭来，又悄悄退去。有一种鞋的流行，对人们观念的冲击很大，被称为“皮拖”，实际上不是拖鞋，确切地说是无后帮凉鞋。这算是正装鞋吗？围绕着这一问题的争论始终没有停息过。无论怎么认为，这其实就是时装。

中国人和世界各国人一样，总在寻求着足服的变化，总也不满足，新的鞋袜层出不穷，只可惜手工鞋已经渐行渐远了。有时还有外国游客登长城时要买一双千层布底儿的功夫鞋，那是受中国武术片影响的结果。脱离实用性，纳鞋底、做布鞋的手工还能延续下去吗？

难以割舍汉服情

旗袍："中国风"的象征

20 世纪和 21 世纪之交，对外改革开放近 20 年的中国服饰开始引起世界时装界的兴趣。国际 T 形台上刮起东方风。东方的"龙""凤"汉字图案、小碎花布或水墨画似的纹样，使西方人耳目一新，疙瘩袢儿也频频应用在西方时装上。这时，法国 CD 和 GALLIANO 两大品牌的首席设计师约翰·加里亚诺连续推出具有中国旗袍和大襟袄风格的时装，使全世界人民领略到中国传统服饰特有的优雅与含蓄。1997 年中国政府恢复对香港行使主权这一政治事件，也使中式立领对襟袄成为民族凝聚力的象征。第一位香港特区行政长官董建华在 1998 年农历正月初一团拜会上的缎面圆光立领对襟棉袄，使全球华人都为之心潮澎湃，热血沸腾。

2001 年初电影《花样年华》上映，女主角张曼玉更换数十套旗袍的倩影又给人们一次视觉冲击。中国的年轻人也开始看到自己民族的服饰之美了。实际上，早在 1982 年时，法国服装设计大师伊夫·圣·洛朗就在北京举办过"中国风"的时装展览，

唐装更多地与中国人最重要的传统节日春节相伴。

但那些清兵式的斗笠和宽大无领对襟衣丝毫没有引起中国人的兴趣，因为那时刚刚打开国门，中国人正在对西式服装充满狂热。而 90 年代以后却不然了，中国人开始寻觅自己的民族服饰韵味。

紧接着，就是 APEC 的华服形象冲击波。与其说中式对襟袄迷人，还不如说普京、布什、金大中等穿上华服给人的新鲜感掀起了这波华服热潮。一时间，大家感到古老的衣冠大国又要东山再起。由于中国人多，一种服饰流行起来就数亿人穿，很快，华服成为时装，也有将其称为唐装的，意指中国传统服饰。至 2005 年春节，再看电视主持人或是老百姓着华服，实际上都不是本原的中式袄了。

华服正在成为时装，领型在变，袖肩部在变，其他相关装饰也在变。只是还保留着疙瘩袢儿，还保留着绮霞缎等中式面料……

2007 年前后，一些大学生开始倡导汉服，继而出现了专门的汉服网站，后来街上就能见到着汉服者，自称汉服表演的也不在少数了。

那么，何谓汉服？看上去，就像中国汉代或唐代的服饰形象。是不是大学生在努力寻求中华民族特别是中国汉族传统服饰的真谛？

在中国服装史中，有相对于少数民族的汉族服装，也有相对于其他朝代的汉代服装。翻阅古籍，清代谈迁（1593—1657）《北游录·纪闻下》中写：“辽史，太宗德光入晋后，皇帝与南班汉官用汉服，太后与北班契丹臣僚用国服。其汉服即五代晋之遗制也。”这里说得很明白，那就是辽初建国时，礼服分为二式，汉族官吏用五代后晋的服制，被称为“汉服”，或称“南班服制”；契丹诸臣仍穿契丹民族的衣服，称“国服”，或称“北班服制”。耶律德光在辽会同元年（938）决定，遇有重大朝会时，皇帝随汉官穿汉服，皇后与契丹诸臣穿国服。重熙元年（1032）后，南北官吏凡大礼都穿汉服了。这时的汉服，主要由通天冠、远游冠、进贤冠等汉族政权的传统官吏服饰组成，如通天冠是秦代时吸收楚冠样子定制的，作为皇帝常服；远游冠也是从楚而来，只不过多为诸王所戴；进贤冠多用于汉代，是文吏、儒士所戴的一种礼冠。

与此相类似的没有作为服制的“汉服”之称。如近代徐珂（1869—1928）所辑《清稗类钞·服饰》中写道：“高宗在宫，尝屡衣汉服，欲竟易之。一日，冕旒袍服，召所亲近曰：‘朕似汉人否？’一老臣独对曰：‘皇上于汉诚似矣，而于满则非也。’乃止。”以上两种古籍记载中出现的“汉服”之词，主要是指区别于少数民族的汉人之服。

再见记载中的汉服，有直接标明朝代的，如明代文震亨（1585—1645）《长物志·衣饰》中写：“至于蝉冠朱衣，方心曲领，玉佩朱履之为‘汉服’也。幞头大袍之为‘隋服’也。”

21世纪推崇汉服的学生们认为，中国必须有自己真正的国服，而一度被认为是国服的旗袍只不过是中国最后一个封建王朝所留下来的衣服影子，不足以代表中国这么一个大国的衣饰风采，或说无法体现中国人的文化情怀。学生们说，每一个国家都有自己的经典传统服装，为什么我们没有？尤其是大礼

汉服文化周

身着汉服的孩子在老师带领下举行传统的“开笔礼”仪式，纪念他们正式进入学习阶段。

时应该着自己的国服，而我们却感到无所适从，不知道穿哪一种衣服，才能作为中华民族的文化符号，闪亮在国际舞台上？要热爱自己的祖国，要体现自己的民族文化，就应该从典型服饰形象做起，因为这里面体现着中华民族的精髓。

从学术层面思考，中国人为什么没有像日本人那样依然保留着和服，也没有像印度人那样仍然穿着纱丽？经过考察和分析，我们会发现，日本人民族单一，朝代虽有更替，但基本上延续着大和民族的统治，地域相对小而且岛国也容易闭塞。只有当有意识地敞开海路时，才有可能与其他国家交往。日本学者秋山光和说，这个崛起于大和的家族从公元 3 世纪起不断扩大自己的统治，至 5 世纪时，已成为日本大部分土地的统治者，遂与中国的宋、齐两朝有了来往。中国南北朝时，日本尚属古坟时代，《三国志·魏志·东夷传》记当年日本人：“男子皆露紒，以木棉招头，其衣横幅，但装束相连，略无缝。妇人被发屈紒，作衣如单被，穿其中央，贯头衣之。”这还相当于中国的原始社会。人们都很熟悉的日本圣德太子（574–622），尽管 48 岁去世，未能继承皇位，但在他执政期间，狂热地引进中国文化，这位极力主张效仿中国的古代政治家，曾穿着整套的中国隋唐男子典型服装。和服，正是在中国隋唐服装基础上形成的，这之后，和服很单纯地成为日本传统服装。

印度与日本有许多不同，首先是民族众多、人口多而且幅员辽阔，尤其是全国各地区的气候、地势有相当大的差异，北部是喜马拉雅山的白雪皑皑，

汉服婚礼

而南部却要无休止地承受太阳的暴晒。分析印度人的纱丽情结，或许可以将其归为宗教的力量。印度教以及佛教的广泛推行与长期支撑，使得印度人到21世纪仍然沉浸于对自己本民族宗教的虔诚与笃信之中。纱丽成了印度精神甚或印度文化的外在象征。

现在再来看中国传统服饰。中国自古就是一个多民族的国家，自有史书记载以来，就有四方异族的不同服饰形象。《礼记·王制》载："东方曰夷，被发文身；南方曰蛮，雕题交趾；西方曰戎，被发衣皮；北方曰狄，衣羽毛，穴居。"夷、蛮、戎、狄中又包括很多民族，这些民族与中原民族交流甚密，其中一部分曾入主中原，在以后的发展中又不断吸收其他民族文化，整合成为许多新的民族。春秋战国时诸子百家丰富了哲学思想，中国的文化精神进一步成熟。从汉代起，儒家思想在很大程度上决定了中国人的人生观，而宗教却未在中国占有特别重要的位置。汉代的服装已形成民族特色，男子以袍为主，

汉服爱好者的聚会

女子穿袍，也穿战国延续下来的深衣。汉代时，建于西周时的服装制度已经基本成熟，帝王百官在大礼时所着的冕服，以其象征天地秩序的上衣下裳，象征未明之天和黄昏之地的黑色与纁色，以及衣服上代表宇宙万物并告诫君王臣下的“十二章”，来显示一种礼制的威仪。如今大学生穿的汉服，样式很像是汉代平民穿的曲裾袍和直裾袍，应该说曲裾袍更具有艺术的韵味。这几年，祭祀孔子的仪式越来越受到人们的关注，仪式上人们穿戴的传统儒巾、袍衫也就愈发显出中华文化的特色。

国内一些汉服表演，也有不少演员穿的是唐代女子的长裙与大袖纱罗衫。唐代服饰是中国服装史上最灿烂的一页，应该说唐代服装是融合了大半个世界的文化精华后形成的亮点，尤其是丝绸之路由汉到唐，至唐结出硕果。丝绸之路贯通的西域，既包括今天的欧洲、西亚、中亚，又有中国西北少数民族聚居地。大唐人正是以博大胸怀广收博采后形成一代骄傲的。弘扬唐代服饰不失为如今一种明智的选择。

唐代服装展示。唐代服饰在中国服饰史上留下了最灿烂的一笔。

按理说，明代服饰是集唐宋服饰之长，从而成为汉族服装制度蓝本的。明前有辽、金、元等少数民族建立的政权，明太祖朱元璋（1328—1398）建国之始即恢复汉族礼仪，调整冠服制度，他曾下诏："衣冠悉如唐代形制"。明之后清代统治者要求国人剃发易服，因未成文的"十从十不从"，才使女服、童服、戏装、僧道衣装等保留下汉族服装的遗韵。

如此看来，到底哪一种服装算是中国的传统服饰呢？选择和发扬，都确实有一定难度。

年轻人被时装裹挟着，义无反顾

21 世纪跨入第二个十年时，中国年轻人紧跟国际时尚已成为常态，信息通道缩短，每一个人都可以以最快的速度跟上时装的脚步，并时不时再变出点新花样。由于 1990 年以后出生的青年已然是“电子国的原住民”，因而理念完全是新的，或说没有什么羁绊。

先是流行裸色，这显然与低碳环保的时尚有关。人们感到染色本身就是污染，为何不简化呢？本色应是最理想的，小花衣裙卷土重来也是在体现着人们意图重返大自然的愿望。邻家女孩风格也许唤起了所有人的朴素回忆。

当然，流行中有一些偶然因素会起到左右时尚的作用，如网上转发的一幅乞讨者身穿棉大衣，领围很长大围巾的照片，一下子被称为“犀利哥”，即很酷的样子。乞丐装会大肆流行，或许是激起了青春的叛逆情感吧。

复古风是来自世界的。2010 年，一种上部极宽松、膝下紧裹小腿的哈伦裤盛行起来。同时还有所谓“蜂腰裙”，又一次束紧腰身，试图营造女性的性感之美。随之而来的是繁复工艺，大城市频繁举办世界服装设计大师的作品秀，引起了工艺上的繁不胜繁。

2010 年夏，突然流行斑点装，小格子和小圆点的棉布衣裙使人们感受到一股清新的田园之风。人们禁不住想到草原，想到小河，还有那层层石阶通向山坡的茅屋草舍。

2011 年夏，忽然间流行柔软的衣料，别管是夹杂了其他纤维的“真丝”，还是本来即纯正的化纤

衣料，全是柔柔的，轻轻的，多一条丝带，多一片裙，有一丝风也能将其吹起来，年轻人美其名为“飘”，或许放飞自己也是一种人生的遐想。

这一年的盛夏至秋冬，蕾丝成了大家共同的爱，至今未被抛弃，反而更是摆满了高档服装店的衣架。纤细、精致、细腻、繁复，使蕾丝这种源于意大利的工艺魅力大增。

几年间，兽纹衣为女青年带来了勇猛与剽悍。别管是丝质纱料或毛呢的围巾，还是紧紧包在腿上的弹力裤，亦或是精品坤皮鞋，还有金属链小手包，都是采用了斑斑点点的豹纹或虎纹，有时也有蟒纹，总之都是猛兽的毛皮效果。女性的其他装束不变，尤其是面妆上依然黛眉红唇，所有的女性之美尽显；唯独加上猛兽的斑纹，对比之中，确实产生了一种特有的艺术感，有些怪异，有些现代，总之是当代女性精神面貌或说心理的表现，意欲与男性一争天下，却又不想失去女性的娇美。于是，豹纹女郎在述说着当代，述说着一个时期有个性的美。

2011 年和 2012 年，忽又刮起军装风，不过这一次可不同于 20 世纪 60 年代人人都学中国人民解放军的样儿。这一次军装是欧美式的，有一种深深的军绿，也有几种颜色各异的迷彩。而且，这次军装风不像半个世纪前的那么朴素，那么严格，那么“刚正不阿”“大义凛然”。这一次是带有调侃味道的，是军装，或说疑似军装，有肩袢儿，有木扣，但更明显的是时装，或说只是把军装的某些文化元素融入时装之内。有一股帅劲儿，又有一股顽皮，说穿了，是后现代的无中心、无权威理念已经深入人心。人们无所顾及，想怎么穿就怎么穿，想拿来什么元素就可以信手拈来。

21 世纪的中国，服饰潮流千变万化，但有一种倾向在里面，那就是义无反顾。时尚总是新的，而新的总是有吸引力的。什么是流行？有活力的引领，有虔诚的追随，永无休止，这就是 21 世纪的时尚。

多民族服饰的百花园

少数民族服饰中的奇葩

服饰承载着一个民族的文化，而文化又贵在传统，只有经久岁月凝练出的服饰文化才宛如一坛老酒，有着浓郁的芳香和深邃的内涵。

中国有56个民族，除了人口最多的汉族，还有55个少数民族。看这些少数民族的服饰，一般总会先注意到各式各色的衣装与配饰，五光十色，令人眼花缭乱。但是，如果一个民族一个民族地看，才会发现同一民族内又有许多讲究，甚至哪怕稍微隔上几里地，也会有自己独特的服饰品格和穿戴规则。以瑶族为例，瑶族是个历史悠久的民族，早在中国正史《后汉书》上就有记载，由于民族内族群分居不同区域，因此服饰各有特色，别人常常根据其生产方式、居住地和着装特点来称呼他们。

瑶族主要分布在广西、湖南、云南、广东、贵州、江西等地。有的瑶族妇女头饰较大，呈盘髻样顶在头上，被称为“盘瑶”；呈平整形的被称为“平板瑶”。仅广西一地的瑶族，防城地区女子顶的绣花方帕，上压玫瑰色彩穗，两边自然垂下，长及颈部，因头饰花样繁多被称为“花头瑶”；龙胜地区女子穿无领窄袖上衣，下着长裙，若着短裙则要在小腿处打裹腿，由于一身以红色绣花为主，被称为“红瑶”；南丹地区男子穿长到膝盖下的白色灯笼裤，上绣红色竖条花纹，被称为“白裤瑶”；还有的因一身衣服以蓝印花布为主被称为“蓝靛瑶”…… 这才只是一个民族的服饰中的一部分特色，由此可见民族服饰的花园中有多少奇异的花朵，奇异的光彩。

整身服饰形象有特殊艺术效果的如蒙古族的摔跤服，今日来看，好像是精致的表演服装。草木茂盛的内蒙古大草原上，每年都要举行声势浩大的“那达慕”盛会，内容包括赛马、叼羊、摔跤等各种竞技与文艺表演节目。摔跤手一般上身穿革制绣花坎肩，边缘嵌银制铆钉，后背中间嵌有圆形银镜或吉祥文

字。腰围特制的宽皮带或绸腰带，皮带上也嵌两排银钉。坎肩领口处还有五彩飘带，其随风飘扬的柔质美感恰与坚如铠甲的坎肩达到完美的统一。下身穿白布或彩绸制成的长裤，宽大多褶。外套吊膝，一律缘边绣花，膝盖处绣花纹并补绣兽头，更增添了几分威武之气。头上不戴帽，有时系扎红、黄、蓝三色头巾。脚下登布制“马海绣花靴”或“不利耳靴”。蒙古族青年穿上摔跤衣，显得更加威武、英俊、剽悍。这是一种艺术价值极高的独具特色的服饰套装。

如果单说哪一类服饰，那也是处处动人，点滴之间让人感受到艺术，感受到文化。

在中国大小兴安岭的茫茫林海中，居住着长期以来以动物毛皮为衣的鄂伦春人。鄂伦春人的衣服几乎都是用狍子皮做成的，秋冬时用秋冬季捕获的狍皮，毛长而密，皮厚结实，防寒能力强；夏季穿的皮衣选用夏季捕获的狍皮，因为这时狍皮毛质疏松短小。

在鄂伦春人的狍皮衣物中，有皮袍、皮袄、皮裤、皮靴、皮袜、皮手套、皮围裙、皮坎肩等，连肩上背的包，都是狍皮做成的。在这些皮衣物中，最有特色的是狍头帽。狍头帽是用完整的狍子头的毛皮做成的，传统制法是将狍子头皮剥下来，晒干之后，涂上捣碎成糊状的兽肝或拌水的朽木渣，卷起来，闷上一两天，令皮板上的脂肪等附着物变软发酵，再将朽物刮掉，反复揉搓，直到皮子柔软。眼眶部位需要缝上两块黑皮子，当做眼睛，再把两只耳朵割掉，换上狍皮做成的假耳朵。这样，一顶惟妙惟肖的

蒙古族摔跤服

狍头帽就制成了。狍头帽用假耳，完全是狩猎的需要——狍头帽是最好的诱惑猎物的装饰。当猎人隐藏在树丛中时，只有帽子显露在外，野狍子常会以为是同类不加提防，很容易就出现在猎人的视线中，便于猎人捕获猎物；如果狍头帽上是真耳朵，连其他猎人都被迷惑了，那就极易被误射。

同样在中国东北生活的达斡尔人也爱以动物头皮做皮帽，只不过不限于狍子头皮，也用狐狸皮和狼皮。世代生活在东北额尔古纳河以南茂密的森林、草原及河谷地区的鄂温克族人也戴兽头帽，他们除了选用狍子头外，还用犴头和鹿头，风格粗犷而又逼真自然。以真兽头做兽头帽可说是东北游牧民族的一个服饰特色，这与他们从事与狩猎相近的经济活动是分不开的。

古代的蒙古贵族妇女戴一种高而大的帽冠，后来这帽冠已不限于贵族妇女，民间每逢喜庆节日或大典时，普通妇女也戴。这种冠是以桦树皮围合，30—50 厘米高，顶端呈四边形，外用彩绸包裹，缀以珠片、琥珀和孔雀翎或山鸡羽毛等。冠上其他装饰都可以随意加减，唯独飞禽羽毛不可少，因而名为“顾姑冠”（“顾姑”为鸟叫的声音）。除此之外，姑娘们还讲究扎裹围巾，一般用一米多长的布或绸缎在头上缠绕。由于地区和年龄的关系，缠绕方式也有些差异。

头戴狍头帽、吹口弦琴的鄂伦春妇女

云南纳西族妇女服饰形象（李凌 绘）

裕固族的白毡帽像一个倒置的喇叭，“喇叭口”向外延伸，形成圆形帽檐，上面有两圈黑色丝绦，“喇叭嘴”向上竖立起来形成帽顶，顶上装饰着各种花纹，最具特色的是缀着红缨穗。据说这种帽子是为了纪念裕固族历史上的一位女英雄，她为了族人的幸福，与魔鬼搏斗至流尽最后一滴血，红缨穗代表着她的鲜血。

纳西族妇女的羊皮披肩，名叫“披星戴月”或“七星披肩”，它一般用整张黑羊皮制作，上部缝着6厘米宽的黑呢子边。两肩处用丝线绣成两个圆盘，代表日月。下面横着一排7个小圆盘，代表星星。整个披肩用宽宽的白布带子十字交叉于胸前固定。它可以用来背孩子，也可以背物。

彝族的披肩不同于纳西族披肩的地方，在于尺寸较小，一般直径约25厘米，厚约1厘米，而且不是用整张羊皮制作的，是用一块圆形的羊毛毡。彝族披肩或称裹褙上钉有2条长近2米的绣花系带，系带从胸前交叉，将裹褙搭在背后，遮住腰部和臀部。从风格和做法上看，裹褙有两种：一种是传统的，不包布面，只是在白色羊毛毡面上绣有两个形似铜鼓晕纹的图案，以及两个横置的长方形图案，图案通常为黑色，中间装点少许红、黄等色，风格古朴粗犷；另一种以黑布包面，上面绣以各种精致美观的图案。裹褙披挂在身上，可以同色彩绚丽的服饰相映生辉，从而构成了滇西彝族女装的一大特色。

裕固族姑娘

关于裹褙上的装饰，有一段美丽的传说。相传很久以前，正逢兵荒马乱，几个被官兵追赶的彝族姑娘躲进了大理东边的青华洞。正当姑娘们惶恐不安时，洞里出现了几只蜘蛛，在洞口结满了网。追兵赶到搜查时，见洞口有满满的蜘蛛网，断定洞里没人，便急匆匆地到别处去了。姑娘们脱险之后，为了感谢蜘蛛的救命之恩，便把蜘蛛绣在毡子上，这就是那两个圆形带着一圈尖角纹的图案。还有另外一种说法，那两个圆形图案是两只睁着的大眼睛，身披裹褙，等于在身后增加两只睁着的眼睛，可以令妖魔望而生畏，不敢接近。

川滇大小凉山的彝族男女都穿用“察尔瓦”。察尔瓦很大，相当于一件宽大的披风，以麻辅以羊毛织成，它的用途很广泛，有“昼为衣，雨为蓑，夜为被”的说法。老年人一般穿黑、蓝色察尔瓦，年轻人则爱用红、黄、绿、橙、粉等对比强烈且艳丽的颜色。由于它上端系在肩上颈间，前面敞开，下端有穗，因而使男性穿上后显得威武雄壮，再配上头裹的“英雄结”，独具一种剽悍豪迈之气；女子穿上色彩艳丽的察尔瓦，配以头顶的花头帕，以及交叉盘压的两个小辫，端庄质朴中平添了几分俏丽。

如果将少数民族服饰比做一座大花园，那么这座花园里奇异艳丽的花儿数也数不完，每一朵都有自己的故事，每一朵都有独特美妙的芬芳。

彝族男子

民族服饰传说多

正因为有了多民族，才有了丰富的文化；正因为有了多民族服饰文化，才留下许多迷人的神话与传说，这是人类社会的宝库，失而不可再得。

在中国，到过浙江、福建、广东、江西等地的人，如果见到当地的畲族姑娘，一定会为她们奇特的头饰——“凤凰冠”所吸引。那是红色的从脑后弯至额头的圆砣状头饰，因为红头绳与辫发相连，说是发型也可以。已婚妇女的发型与此不同，她们将头发从后面梳成长筒式发髻，把一个鸡冠形的小帽盖在后脑部位，发间有红绒线环束。还有的是在头顶上放一个5厘米或更小一点的小竹筒，把头发绕在竹筒上梳成螺形。梳头时不仅要用茶油和水涂抹，而且掺以假发，因此显得高大、蓬松、光亮喜人。

新娘戴的“凤凰冠”，是用竹筒做的一种小而尖的帽子，用黄布包着，上面装饰着银牌、银铃和红布条，后面有四条红布条一直垂到腰间，前边还有一排银质小人儿，垂吊在前额，遮掩住面部，使新娘在俏丽之中又添神秘。喜庆日子里，畲族人要穿上整身的“凤凰装”，既是对祖先的怀念，又可以感受到先人的护

畲族姑娘的传统头饰：凤凰冠（王家斌 绘）

佑，这就是存在于服饰中的祖先崇拜。中国乃至全人类服饰中，都有原始崇拜的文化观念以各种形式反映出来，有的是整体服饰形象，有的只是一处细节。

传说畲族始祖是盘瓠王，因为在征战外敌时有功，被部族首领招为驸马，娶了首领的三公主。盘瓠王成亲那一天，新娘母亲送给女儿一顶非常珍贵的凤凰冠和一件镶有珠宝的凤凰衣，以示对女儿的祝福。三公主婚后生下三男一女，生活幸福美满，当她的女儿出嫁时，美丽、高贵的凤凰竟神奇地从山上飞出来（此山后名凤凰山，地处今广东省境内），嘴上衔着一件五彩斑斓的凤凰装。从那以后，畲族的女性就以穿凤凰装为最美的盛装。

如今的凤凰装是在衣服上刺绣大红、桃红或夹着黄色的花纹，讲究的再绣上金丝银线，以代表凤凰那绚丽的羽毛。头上的凤凰冠则代表尊贵的凤首。因为传说中凤凰是懂音乐的，为神界的音乐家，所以这套凤凰装还要全身悬挂叮当作响的银饰，仿佛就是凤凰的鸣啭。

头戴鸡冠帽的彝族姑娘

聚居在云南红河等地的彝族姑娘，都有一顶心爱的鸡冠帽。这里也有一段故事。传说一对恋人为了寻求幸福和光明，高举火把去与魔鬼搏斗，可是不幸落入魔掌。后来，姑娘机智地逃出，在老人指点下，让公鸡高叫，将太阳唤出，驱除了魔鬼。姑娘救活男友，众乡亲也见到了光明，摆脱了黑暗。人们认为公鸡能给人间带来吉祥、光明、平安和幸福，也为了永世不忘公鸡的救命之恩，便做成鸡冠帽戴在姑娘的头上。除彝族外，云南的哈尼族、白族少女也喜欢戴鸡冠帽，其形态、风格大同小异。

柯尔克孜族的帽子也有着一段传奇。古时候，有一个勇敢贤明的大王，发现在战斗中因为本族人衣帽不一致，部队杂乱无章，而且也不易辨认。于是，他召集各部，下令用 40 天时间，给战士们设计一种统一的帽子，这种帽子，既要像一颗光芒四射的星星，又要像一朵色彩斑斓的花朵；既要像一座白雪皑皑的冰峰，又要像一座绿草如茵的山坡；既能躲避雨雪，又能防止风沙袭击。39 天过去了，始终没有设计出令大王和民众都满意的帽子。到了第 40 天，一位大臣的聪明美丽的女儿设计出了一种带装饰性的白毡帽，大王非常满意，下令所有军民戴用，从此传留至今。

柯尔克孜族男子

身着铠甲的彝族男子

生活在川滇大小凉山的彝族，有着历史悠久、独具特色的服饰。彝族人崇尚皮铠甲，因为相信皮铠甲能护佑家族和个人平安。传说彝族祖先是用犀牛皮和大象皮制成铠甲，现在能看到的流传下来的都是黄牛皮制成的，一般用生牛皮为胎，髹饰漆并饰有彩漆花纹，其动物纹为龙蟒，四周是箭头，边饰为云彩。其寓意为：龙蟒是天神派遣降临人间，帮助铠甲的主人战胜敌人的，可防矛避剑，保护穿甲人平安并取得胜利。彝族民间将铠甲分为雄性和雌性两种，雄铠甲色彩以红为主，雌铠甲色彩以黑为主。在彝族人的其他艺术品中也爱用黑、红、黄三色，黑色表示尊贵庄重，红色象征勇敢热情，黄色则代表美丽和光明。彝族人尚黑、敬火、尚武，这在皮铠甲上得到了完美的体现。

傣族女性喜欢在服饰上绣饰孔雀，除了表达对祖先的追忆，她们还虔信孔雀能给傣人带来吉祥。傣族的一首长诗描写了一位美丽善良的孔雀公主，一天飞到湖中沐浴，被深爱着她的王子偷拿了孔雀衣，王子希望以此留住孔雀公主。他们相爱了，结为夫妻，过着幸福的生活。孔雀王得知后却不允许，派兵来征讨，王子率兵前去应战。可是王子的父亲听信谗言，要杀死孔雀公主，公主要求死前穿孔雀衣跳一次舞蹈，结果借机飞走。王子祈求神龙相助，越过山河海洋重新与公主团圆。为纪念这对幸福的爱侣，傣家人每逢节日都要穿上孔雀衣，或是在服饰上绣上孔雀纹，大家一同起舞，表示对美与幸福的祈愿。

生活在广西的一支瑶族人，男人都穿白裤，但并非素白，而是在膝盖上缝着 5 条或 7 条竖直的红布装饰，也有的是用红线绣成，再缀上各种形状的小图案。这种在白裤上缝红布装饰的做法，也是来源于一个感人的祖先崇拜的故事。很早以前，他们的祖先过着安居乐业的日子，忽然

傣族孔雀舞

来了一个魔鬼，要人们把粮食和姑娘都献给他，并要所有人都听命于他。部落中有一位英俊勇敢的小伙子，带领男女老少上前搏杀，并率先追杀到了山里。当人们赶到时，发现小伙子已经和魔鬼同归于尽了。他手中还抓着魔鬼的头发，衣服上留下了被魔鬼巨爪抓破染红的血迹。人们为了缅怀这位为人民驱除恶魔的英雄，就在白裤上绣或缝出红色的竖纹图案，象征英雄的血痕，以纪念先人，激励自己。

中国西南边陲居住着古老的德昂族人，德昂族服饰中最引人注目的是女子腰间的数圈或数十圈藤箍。传说德昂人祖先是从葫芦里出来的，男人的容貌都一模一样，女人出了葫芦就满天飞。天神将男子的容貌区分开来，又帮助男人捉住了女人，并用藤箍将她们套住，女人再也飞不了了，从此与男人一起生活，世代繁衍。

彝族妇女的腰饰很独特，非但谈不上美丽轻柔，甚至还很粗犷。彝女传统上佩戴黑色大腰环，一般用榆树皮做成。这里有一段传说，古代的彝族人遭遇敌战时，女子也和男子一起奔赴战场，她们英勇善战，战斗中常以铁皮腰环护身。后来，彝族妇女不参战了，但仍然坚持用黑色腰环这种装饰，以此作为一种护身符和吉祥物。

试想，如果服饰文化中没有神话和传说，那么再好的色彩与款式也将是苍白的。民族民间传说往往是在真实生活基础上形成的，而后又因传承增添了活力。传说，是文化的一部分；服饰传说，可以说是服饰文化史的筋骨与血脉。

民族服饰特色工艺

纺织，是制作衣服的最初环节，包括剥取织物纤维或养蚕缫丝，也包括剪用动物毛。

比如麻布，这种织物在中国中南、西南少数民族中应用十分普遍。怒族生活的自然环境中多产麻，怒族的妇女亦善于织麻，男女服装都用麻布制成。男子穿高领麻布长衫，穿时前襟上提，用腰带系紧，使其成为袋状，可以用来装物；下着及膝长裤，裹麻布绑腿。女子十二三岁以后，开始穿麻布长裙，年轻姑娘则喜欢在裙外系有彩色花边的围腰。贡山一带的怒族妇女不穿裙，而是在裤子外用两块彩条麻布围身。

麻在中国古代文献中一般指大麻，也称火麻，为一年生草本植物。由于中国自古代就使用麻纤维，因此国际上将大麻称为“汉麻”，又将其中的一类苎麻直接唤做“中国草”。苎麻纤维细长坚韧，平滑而有丝光，染色容易褪色难。苎麻纤维织成的布轻爽离汗，挺括透气，是具有民族特色的服饰材质。

棉麻混纺是基诺族服饰工艺的独特之处。基诺族生活的区域生产棉花和麻，因此他们的土布多用二者混纺，颜色以原色为主，间以黑、红色条点缀。基诺族家家都有简易的织布工具，他们甚至行走或休息时也常常手拿纺轮捻线。织布时席地而坐，经线一头拴在自己腰上，另一头拴在对面

怒族麻织女服

基诺族服饰采用棉麻混纺工艺，结实耐用。

土家族民间织锦“西兰卡普”。土家族姑娘从小便随母亲学习这一技术，姑娘长大出嫁时，必须有自己亲手织成的西兰卡普作为陪嫁。

的两根木棒上，用双手来回穿梭，因每穿一梭就要用“砍刀”（木刀）打紧，所以这种纺织品当地人称“砍刀布”。厚实耐用也形成基诺族衣料的最大特点。

棉织品则要首推居住在海南岛上的黎族人。早在战国时代，黎族人就已懂得利用棉花纺纱织出有纹彩的贡品——“织贝”。到了宋代，已能用轧棉机、弹棉机、脚踏纺车、撷染架等纺织工具，织出色彩斑斓的黎锦。元代时松江府汉族妇女黄道婆（约1245—1330）向黎族人学习棉纺织技术，并将其带回家乡，致使“松江衣被天下”，成为史上美谈。

黎族人创造了中国最早的棉纺织品“黎锦”。

另外，土家族的“西兰卡普”——一种可以织出多达二三百种图案的织物，以及壮族的壮锦、苗族的苗锦等，都有与众不同的特色与工艺。

印染也是服饰工艺的重要程序之一。中华民族的祖先从原始社会时期就利用矿物颜料和植物颜料染衣料，从早期的涂绘到后来的浸染、媒染、套染等，经历了漫长而又灿烂的历程。

春秋战国时期，凸版印刷技术已经不断发展，汉代时已有相当高的水平。马王堆汉墓出土的衣料中，有几件印花敷彩纱和金银色印花纱，就是凸版印花和彩绘技术相结合的产物，即印后，再用笔绘出部分花、叶、蓓蕾，特别是花蕊等细部。金银色印花纱是用 3 块凸版套印加工的。

在中国的西南地区，苗族、仡佬族等都有染制历史。有一种方法是以熔化的蜡在白布和绢上绘出花纹，然后将布浸入靛缸，染好后再加热去蜡的蜡缬（染）。因为主要用蓝色，少数染紫或红，因此这种印染布被人们称为“蓝印花布”。新疆民丰东汉墓出土的汉代实物，反映出 2000 年前的印染工艺已十分精巧。当然，这只是最普通的蜡染。仡佬族还有自己的染制方法，即将每条长约 6 米或 7 米的土布放进蓝靛染缸，反复几次，使蓝色色泽均匀，然后用米汤、薯莨、牛皮胶糊在上面，待晒干后，用碳碳压和棒槌敲打，制成的布闪光发亮，美观耐用。

最有代表性的除了蜡染以外，还有绞缬。绞缬也叫扎染，会出现具有梦幻一般美感的印染效果，属于机械性防染法。它是按预先设计的图案用线钉缝抽紧后，再用线紧紧结扎成各式各样的小结；浸染后，将线拆去，捆结的部分就呈现出着色不充分的花纹，花纹的边缘由于受到染液浸润不匀，很自然地形成由深到浅的色晕，由此被人们按不同效果，称之为鹿胎缬、玛瑙缬、鱼子缬或龙子缬。东晋志怪小说《搜神后记》中记述过，一个年轻妇女穿的紫缬襦、青裙，远看就像梅花斑斑的鹿一样。这个妇女穿的可能就是鹿胎缬，在出土的唐代俑人身上仍可见到。这种染法也被许多民族所采用。

夹缬工艺是用镂空板印花法，从秦代时就广泛使用，到北魏时已有相当大的生产规模。水族人除了应用上述的扎染外，也爱用夹染法。他们先将硬纸板镂成各种花鸟、几何纹图案，然后将模板平铺于白布之上，再刷上特制的黄豆浆，待豆浆干透后，进入靛液缸中浸染，最后刮去豆浆洗涤晒干，随即呈现出蓝地或青地的花纹。其花纹主要有“丹凤朝阳”“双龙戏水”“鱼虾竞游”“春花怒放”等，都带有吉祥祝福的含义。

金属工艺和玉石工艺也因民族传统审美习惯和技艺不同而各具特色。

藏族整体服饰形象中少不了饰物，一个人身上的饰物多得甚至让人看不过来。从头饰到耳饰、胸饰、腰饰、戒指，饰物的质料非常丰富，有金、银、珍珠、玛瑙、玉、松石、丝、翡翠、珊瑚、蜜腊、琥珀

藏族服装大多宽大简单，搭配的饰物却种类繁多，制作精美。

藏族女子服装背饰。饰物的多少也是财富的象征。

等等。其中最有代表性的是巴珠，这是一种三角形或弓形的头饰，过去贵族用珍珠或宝石，普通人用珊瑚。姑娘第一次戴巴珠，要举行很严肃的礼仪，因为这意味着成年，从此就可以谈婚论嫁了。藏族人胸前的珠子、银链、银牌等，很多与佛教有关，珠饰即是佛珠，另外还有人人都佩戴的盛放护身佛像或菩萨像的护身银佛盒。藏人腰间佩有成串的金属刀、火镰盒以及诸多银佩饰，其中腰刀和腰钩是藏族男女的独特佩饰。藏刀的历史非常悠久，长的超过 1 米，短的有 40—70 厘米，还有一种 40 厘米以下的小刀。藏刀的用途很多，长刀可以防身自卫，短刀可以宰杀牛羊、剥皮、割肉、切菜，小刀则用做餐具。藏刀不仅锋利无比，工艺也十分精湛，装饰考究，刀把用牛角、兽骨或硬木包裹，再缠以银丝或铜丝，并箍上铜皮或铁皮，有的还镶上银饰；刀鞘的用料和制作也十分精细，多包上黄铜或白银，并镶刻龙、凤、虎、狮、花卉等吉祥图案，有的还包上鲨鱼皮，镶嵌绿松石、珊瑚、玛瑙等名贵宝石，更普遍的是在刀柄处嵌一段牦牛角。

藏族女性腰间除了也佩腰刀外，在日喀则地区还讲究佩带腰钩。腰钩一般用白银打制，也有的用青铜，形状扁长而两头呈如意形，还有菱形且菱形四角又呈如意形的。不管什么形状，腰钩的下面都有一个环，既是装饰，又可以挂东西。腰钩的图案，既有藏传佛教的题材，如宝瓶、法轮、鹿等，也有凤鸟、狮子、龙等汉族传统题材。在各种图案中，有一种来自于藏族民间故事的图案“和睦四兄弟”。故事讲的是远古时候，气候恶劣，大象、狮子、小兔和小鸟无法得到果实填饱肚子，后来他们团结起来，齐心协力，都获取了果实。这种收获不仅是物质的，更重要的是精神上的，和睦相处、共同生存的道理，通过动物形象以及共同摘取果实的场景表现出来。

同样居住在青藏高原的门巴族和珞巴族，虽说各自有自己的语言和服饰，但毕竟生活在喜马拉雅山南麓，与藏族相距较近，因此在文化方面有不少接近藏族的地方。除穿着类似的长袍外，门巴族男人也是戴皮帽、系腰带，女人也是散发、梳辫、戴佛珠、佩腰钩，他们的靴子与藏靴大同小异。但细分起来，门巴和珞巴服饰都有自己的独特之处。如门巴族无论男女都穿赭色长袍，男人戴褐色圆顶、橘黄色边、前面留有缺口的小帽，喜欢戴大耳环，足登红、黑两色的牛皮软底靴。妇女则在袍外系一条白色的圆筒围裙，另外披一块牛皮或羊皮。熊皮帽是珞巴族男子的特色首服，多数是用熊皮压制成带檐的圆盔，檐上套一个带毛的熊皮圈，毛向四周伸展，帽后垂向颈部缀一块梯形的带眼窝的熊头皮，据说可防箭射或刀砍。这种帽盔戴在珞巴人头上，远远看去，像是披散着浓浓的黑发，越发多了野性美。

珞巴族男女都讲究佩饰，如果称一称，一个人全身的饰物有时竟重达数十斤。男子要系腰带，带上镶圆形凸状银饰、贝壳和成串珍珠，带下分两侧坠几串银珠，耳坠也是垂珠，颈间还有多圈各种质料组成的项链垂在胸前，戴手镯、佩长刀、携弓箭，并随身带有烟斗、烟盒等物品。女子的饰品更是多得惊人，颈上挂的松石项链达十几串或几十串，腰间缀满海贝串、铜铃、银币、铁链、铜片以及火镰、小刀等。这些饰品的料质高低和数量多少，直接反映着家庭的经济状况和地位。

网络时代，原生态服饰何去何从

毛南族的花竹帽大多是作为爱情信物送给心上人的。

作为一个民族来说，数千年流传下来的服饰文化能不能长久传承下去？这是近二三十年来中国很多有识之士思考并大声呼吁的问题。中国政府采取了一项至关重要的政策，就是挖掘民族文化遗产，抢救保护民族艺术，进而大规模开展非物质文化遗产的保护传承工作。

20 世纪 50 年代之后，随着现代化的进程，中国城市人服饰快速西化，80 年代敞开国门后，更是基本与世界时尚同步了。进入 21 世纪以来，网络信息时代来临，人类社会已经没有孤岛，到哪里去寻回纯正的本原服饰呢？

原以为，地处偏远的少数民族，其服饰的现代化会慢一些，但是几乎全民热衷的旅游业把城市人引向各个不易到达的地方，而少数民族青年也无法抵御外来新鲜事物的诱惑。

先是 20 世纪 60 年代时，少数民族男青年不再穿土布衫褂，买一件西式白衬衣；不再穿有各种装饰的土布裤，换上军绿的制服裤；不再穿手编的草鞋和家做的布鞋，换上一双绿帆布面塑胶鞋；不再肩背出自恋人之手的绣满情意的长带挎包，改背一律款式的绿军挎；特别是不再缠包头，换上一顶绿军帽……

哈萨克族未婚姑娘的帽子上，要插上漂亮的猫头鹰羽毛。

傈僳族姑娘的头饰“俄勒”，源于一段美丽的爱情故事。

20世纪80年代后，少数民族男青年已经穿上牛仔裤、旅游鞋，手腕上戴手表代替原有的各种传统装饰……

好在少数民族女性换装晚，而且不太普遍。这是不是因为男性出门较多，而女性出门相对少？男性已视传统服饰为陈旧，愿意在公众场合与大多数人一样，而不想招致更多欣赏的目光；女性倒是仍然喜爱自己民族的服装，除了极少数出门上学、工作的以外，她们仍然觉得自己民族的服装最好看。

这里确实有一个实际问题，那些美丽的饰件能够适应现代城市的快速与便捷吗？

比如，裕固族妇女到了成年，开始佩戴“头面”，表示到了可参与社交并准备婚嫁的年纪。“头面”在喜庆盛装中不可缺少，是裕固族最具代表性的饰物。具体戴法是，先将头发梳成左、右、后三条辫子，用三条镶有银牌、珊瑚、玛瑙、彩珠、贝壳等饰物的“头面”，分别系在垂于胸前和背后的三条辫子上。每条“头面”重量一般在3.5公斤左右，分为三段，用金属环连接，上齐耳环，下以身高定长短。少女们的头饰也很有特点：在一条长红布带的上边缀各色珊瑚珠，下沿用红、黄、白、绿、蓝五色的珊瑚珠及玉石穿成许多条穗，像珠帘一样齐眉垂在额前。

哈萨克族女子也在额前垂挂珠帘，不过不是单独的头饰，而是穿在帽子上。这种帽子是新娘的标志。未婚姑娘有一种用红色、绿色或黄色绒布缝制的硬壳圆斗形小帽，帽顶用金丝线绣花，并插上猫头鹰羽毛。哈萨克族人认为猫头鹰羽毛象征着勇敢与坚定，所以特别喜欢用它作为装饰。还有一种用绸缎、棉布和水獭皮或羊羔皮做成的圆帽，帽顶绣花，镶嵌有珠子、玛瑙和金银做的插孔，孔中也插一根猫头鹰羽毛。

这些属于文化的原生态服饰，在当今信息多、交往半径大、竞争激烈、到处风驰电骋的新时代，还会生存并继承下去吗？人们还有那一份闲情逸致或说纯真的感情吗？

以爱情信物而言，过去都是男女青年亲手制作，将自己的心思融入服饰品中，头饰、胸饰、挎包、腰带、布鞋、鞋垫，不一定要多么贵重的物质，重要的是爱，是这份情意。毛南族服饰中最有名的是花竹帽，它的主要功能不是遮阳挡雨，更多地是作为装饰品，而且大多是作为爱情信物送给心上人的。花竹帽上缀以银饰，如银簪、银梳、银环，青、蓝色衣服外面也缀以银项圈、银麒麟、银牌、银钮扣。着装者心中暖融融，制作者怀着一种深深的祝福。傣族姑娘的银质腰带也是这样，有的是母亲传给女儿，世代相传下来的，但更多的银腰带常被作为爱情信物。如果姑娘将银腰带交给哪个小伙子，那就意味着她已爱上了他。再如，"俄勒"是傈僳族服饰的典型饰品，它也有一段美丽的传说：很久以前，一位美丽的姑娘与年轻英俊的小伙子相爱，小伙子整天在深山野林中打猎，由于没有衣服穿，身上被树枝挂得伤痕累累。姑娘看后非常难过，就翻山越岭找到野麻，剥取麻皮上的纤维，捻成线，熬了好多夜，终于织成布并做成衣衫，送给了小伙子。小伙子为了使姑娘更美丽，便用珊瑚珠等编成"俄勒"送给了姑娘。从此，"俄勒"成为傈僳族姑娘的头饰，也成了男女青年之间的爱情信物。

亲手绣成的鞋垫，常常也是传情达意的信物。

从"俄勒"还会想到一个问题，传统服饰之所以丰富多彩，各自有传奇故事和独特之处，也因为一个民族往往分部落或族群散居在各个地方，由于之间交往不是很便利，因而使特色得以保留下来。仍以傈僳族饰品为例，南怒江地区的傈僳族已婚妇女，耳朵上戴长至肩部的大铜环或银环，头上戴由珊瑚和砗磲片穿成的"俄勒"，脖子上戴彩珠、玛瑙穿起的饰物，一直垂到胸前。丽江地区的傈僳族妇女，则讲究头戴缀满珠饰的布套头，颈部垂珠链。德宏地区的傈僳族姑娘要戴红、白、黄布的手帕，上面缀满珠饰，下面有银铃、银泡和珠坠悬垂，坠头还系有彩色的绒球和线穗；胸前挂着银项圈和串珠连成的银锁；项间还挂有数条或十数条项链。而现在有许多年轻人走出山寨，进入城市上学、工

苗族人特别喜爱银饰，以至于银饰成为了苗族的文化象征之一。

作了，他们还会留恋这一份民族服饰之美之深情吗？再者说，交通便利了，尤其是网络覆盖无所不到，而人们在着装上又有一种本能的求新求异心理。不能不承认的是，再要坚守这一份沉静不是很容易了。

旅游对于原生态服饰来说，是把双刃剑，好的是民族服饰可以增加少数民族文化的吸引力；不好的是民族服饰开始趋于平庸和表面，更多受到商业利益趋动。

以苗族银饰来说，已经闻名国内外。凡盛装，苗女必佩银饰，其数目数不胜数，有银插花、银牛角、银帽、银梳、银簪、银扇、银项圈、银耳环、银披肩、银胸锁、银腰链、银铃、银手镯和银戒指等等。一个盛装的苗族妇女，全身银饰可重达10—15公斤。苗家人认为，佩戴银饰不仅表示富有，也不只是出于审美需要，更重要的是有祈福、驱邪的目的。

苗族的银制品工艺历史久远，而且水平相当高，银饰造型及纹饰也非常丰富。如银手钏、银项圈等，有空心、实心、刨花和六方形、圆柱形等诸多样式。苗女银饰中，要数牛角形头饰最为引人注目，作为民族服饰品来说也最具代表性。银牛角头饰流行于贵州黔东南地区，当地苗族妇女盛装时要在高高的发髻上直插一架银质牛角。银牛角用薄厚不一的白银片打制而成，两角高高耸起，形如水牛角，上有各种图案，高与宽可达1米，重约1公斤，银角间插有压花银扇。

还有一种木质的牛角形头饰，主要流行于贵州贵阳、毕节等苗族居住地。牛角用木头制成，长达50厘米，两端角尖竖起，中间有梳齿，便于假发的缠绕固定。

这样一整套盛装苗族银饰，重量可达数十公斤。

传统工艺的传承，直接关系着原生态服饰的未来。

身着节日盛装的基诺族妇女

妇女们先把长发挽髻于头顶，然后用假发和黑色棉线或丝线把木制牛角形头饰固定在头顶上。这种牛角饰仿自黄牛角，源于原始崇拜。

除了大量用银饰以外，苗家女的绣衣也十分精致，仅新嫁娘的一件贴绣上衣上，由彩色黄片折叠的小三角就可达 17000 多个。姑娘从六七岁时就开始制作，当完成这件凝聚着心血的工艺嫁衣时，差不多就到了该出嫁的年龄。这一种动人的服饰习俗，还能在网络时代延续吗?

有一个现实的例子，如生活在台湾岛上的高山族，到了近代，还保留着许多有原始意味的佩饰，很好地记载着人类的童年趣味，如那些装饰在男女身上的贝饰、琉璃珠、猪牙、熊牙、羽毛、兽皮、花卉、铜质或银质饰件、装饰用的钱币、骨质或银质钮扣以及竹管等。其中一支泰雅人有一种极为贵重的服饰，是用贝壳经过精心琢磨，制成一颗颗圆形带细孔的小珠粒，然后用细麻线穿成串，再将其成行缝制在衣服上的。据说制成这样一件珠衣，至少需要五六万颗贝珠。时至今天，日月潭游艇上的高山族小伙子导游，已是西式衬衫、牛仔裤、人字带拖鞋了。

网络时代，原生态服饰何去何从?这的确是一个发人深省的问题。

附录：中国历史年代简表

旧石器时代	约 170 万年前—1 万年前
新石器时代	约 1 万年前—4000 年前
夏	约公元前 2070 年—公元前 1600 年
商	公元前 1600 年—公元前 1046 年
西周	公元前 1046 年—公元前 771 年
春秋	公元前 770 年—公元前 476 年
战国	公元前 475 年—公元前 221 年
秦	公元前 221 年—公元前 206 年
西汉	公元前 206 年—公元 25 年
东汉	公元 25 年—公元 220 年
三国	公元 220 年—公元 280 年
西晋	公元 265 年—公元 317 年
东晋	公元 317 年—公元 420 年
南北朝	公元 420 年—公元 589 年
隋	公元 581 年—公元 618 年
唐	公元 618 年—公元 907 年
五代	公元 907 年—公元 960 年
北宋	公元 960 年—公元 1127 年
南宋	公元 1127 年—公元 1279 年
元	公元 1206 年—公元 1368 年
明	公元 1368 年—公元 1644 年
清	公元 1616 年—公元 1911 年
中华民国	公元 1912 年—公元 1949 年
中华人民共和国	公元 1949 年成立